北京市属高等学校高层次人才引进与培养计划项目——长城学者：北京零售企业营销管理创新研究（项目编号 CIT&TCD20130310）

零售新观察系列

零售品牌策略与设计

郭小强　著

中国财富出版社

图书在版编目（CIP）数据

零售品牌策略与设计／郭小强著．—北京：中国财富出版社，2016.6
（零售新观察系列）
ISBN 978－7－5047－6161－3

Ⅰ.①零…　Ⅱ.①郭…　Ⅲ.①零售业—品牌战略　Ⅳ.①F713.32

中国版本图书馆 CIP 数据核字（2016）第 120817 号

策划编辑　寇俊玲　　**责任编辑**　李彩琴
责任印制　何崇杭　　**责任校对**　杨小静　　**责任发行**　敬　东

出版发行　中国财富出版社
社　　址　北京市丰台区南四环西路 188 号 5 区 20 楼　　**邮政编码**　100070
电　　话　010－52227568（发行部）　　010－52227588 转 307（总编室）
　　　　　010－68589540（读者服务部）　010－52227588 转 305（质检部）
网　　址　http://www.cfpress.com.cn
经　　销　新华书店
印　　刷　北京京都六环印刷厂
书　　号　ISBN 978－7－5047－6161－3/F·2596
开　　本　710mm×1000mm　1/16　　**版　　次**　2016 年 6 月第 1 版
印　　张　12.75　　**印　　次**　2016 年 6 月第 1 次印刷
字　　数　222 千字　　**定　　价**　55.00 元

前　言

零售行业是当前商业活动的重要组成部分。在互联网时代，随着互联网在线零售的发展，零售行业出现了新发展、新思维。在现实的实体零售品牌经营中，尤其在针对零售品牌的策略和设计方面，当前的零售品牌正在通过建构新的品牌形象和融合多元的推广策略，实现品牌与消费者和市场环境的充分沟通，努力保持市场中的地位。

通过改变策略，细分市场，更为人性化的互动，突出品牌的优势和更多的细节设计，促进消费者对零售品牌的更多认同，从而实现品牌创新。在这本书中，通过对当前零售行业的品牌现状和品牌形象综合设计分析，从零售行业的品牌推广策略层面，讨论零售品牌的综合品牌定位与品牌设计。

零售品牌以更充分的用户体验为参照和指南，通过建构新的观念和方法论，实现零售品牌与消费者的沟通和交流。在探讨策略和视觉问题的同时，尽可能加入更多的外围信息和解读。营销和管理都是不可或缺的，产品和创意同样能够影响零售品牌。围绕零售市场展开的全局性、全面的视野更有助于品牌策略的形式和营销框架之下的品牌建设。

本书的撰写得到了“北京市属高等学校高层次人才引进与培养计划项目（The Importation and Development of High - Caliber Talents Project of Beijing Municipal Institutions）”、北京工商大学魏中龙教授“北京市属高等学校高层次人才引进与培养计划项目——长城学者：北京零售企业营销管理创新研究”项目资助。项目编号 CIT&TCD20130310。

目　录

1 零售品牌形象

真正的竞争对手是瞬息万变的顾客需求。

——铃木敏文

1.1 建立零售品牌

1.1.1 品牌的服务性

如今，互联网浪潮席卷全球，这已经成为一个必然的背景，交互技术和移动性方式正成为强有力的信息沟通手段。基于这种灵活性的技术优势，注重用户体验的意识，以品牌服务为特征的需求必然融入到品牌与受众的沟通和交流之中，为当前品牌形象注入新的活力。服务性不再是一种销售的相关附属内容，而是更多的关系到品牌与消费者、品牌与社会层面，是品牌未来长足发展的基础。

零售不仅仅是商品的买和卖，现在的零售市场正发生着变化，而且越来越具有一种趋势性，即具有明确的服务特征。在零售市场中，通过为消费者提供良好的服务传递出品牌的内在价值，以此为基础的品牌更为消费者所信赖。在零售场所，通过展示品牌的综合形象，增强品牌认知，增进消费黏性。

对品牌一般意义上的解释往往是以视觉识别为特征的，这种见解包括了对品牌所体现的商品或服务的名称、语句、图形和相关的组合形式。麦可 J. 贝克在《营销大百科》中也详细地描述了品牌的这一含义，认为品牌是商品价值或服务价值的综合表现，品牌通常以特定的形象符号作为标记。这个解释包含了品牌原有的符号性，也包含了品牌的价值属性，体现了品牌形象的丰富性。在菲利普·科特勒的著述中，品牌的概念则加上了“它是卖方做出的不断为买方提供一系列产品特点、利益和服务的允诺”这样的表述。由此，也逐渐反映出品牌所应该具有的服务属性，这特征正越来越清晰的体现出来，这也成为我们对品牌的动态认识。在不断认识过程中，品牌概念正不断扩充和拓展，从单一行为到复合行为，从售卖商品到服务对象。

注重为消费者提供服务，能够更好地促进消费者认识，有助于消费者接受品牌，从而超越单纯的买卖交易关系。海底捞是一家连锁餐饮企业，海底捞在现有的市场环境中能够脱颖而出，无疑是得益于品牌的最大特点——品牌的服务优势。小米公司总裁雷军曾明言，小米品牌就是学习了海底捞的品牌服务理念。在海底捞的店面，即便是在狭窄拥挤的就餐等候区，海底捞的服务意识也充分地体现出来，无论是花样繁多的休闲小食品，还是各种供消遣的棋牌游戏项目。努力为消费者们提供了尽可能多的服务项目，以便打发就餐前的等候时间。在就餐过程中，服务员能够始终面带笑容，不知疲倦并做到有求必应。

品牌服务本身也包含了更丰富的内容，不仅服务于前来消费的顾客，也服务于社会。在零售品牌的推广策略中，在营销活动之外，越来越注重品牌的社会服务价值，积极投身公益事业，为社会进步出力，品牌因而获得了更好的社会评价。

1.1.2 建立品牌形象

在售卖活动中，品牌呈现在消费者眼前，通过形象传递信息，这其中包括了多种识别元素，并且以视觉组合的方式展示品牌。例如，在表现商品形象上，以图形和画面表现商品品质，展示商品性状，品牌的标签设计也是表现形象的载体，而通过造型和材料能够表现包装形象，与其他品牌形成差别化的面貌，突出货架陈列的视觉效果。在具体的视觉形象方面，如商标、图形、代言、广告语等，都成为必不可少的视觉要素。

在品牌形象上，更为深入的表现还体现在零售品牌的文化内涵，以及明确营销策略等方面，这一形象展示融合了消费者认知、品牌美誉度、用户体验、品牌忠诚等品牌形象指标。因而，在品牌形象上，通过品牌要素的综合呈现，更能够突出品牌的全面服务水平。

在市场销售环节中，品牌的各类信息渗透到消费者和品牌的沟通中，消费者从而体会和意识到品牌的形象特质。通过分析消费者对品牌细节问题的感受，品牌经营者们会知道，品牌表达的与消费者接受的是否一致，也会明确品牌给消费者留下什么样的印象。尤其在细微的品牌形象表达中，对细节的处置得当与否有关键的作用，这有可能影响消费者对品牌的整体认识，甚至决定了品牌给消费者留下什么印象。因此，在市场营销策略中的细节处置更宜精细化和具体化，做到精益求精。

> “从开设第一家优衣库品牌专卖店的时候，我就用心的要把店面打造出一个让顾客可以自由选择的环境。”“在店铺装修上，我们要求店内的主通道必须笔直而且宽敞，这和那些通道狭小且行走不便的品牌专卖店是不一样的。天顶尽量不要吊顶，露出水泥框架也无所谓，就是要让天花板看上去更高而且有空间感。这就是我们在装修中认真下功夫的地方。”①

优衣库品牌董事长柳井正谈及建设品牌形象时，对售卖环节的细节提出了见解，回答了优衣库品牌在形象建设上的认识，提出了在具体执行方面的思路和解决办法，在细节上具体到了天花板和通道等实际问题，这些恰恰是品牌与消费者建立良好沟通的基础。“我们优衣库的商品要强调的是服装的基本功能：容易穿着，以及服装的容易搭配。因此，优衣库必须成为一家重视基本功能的时装专卖店。”因此，也可以看出品牌在形象上的见解是基于品牌理念的。

任何基于品牌做出的改变都应是品牌内在最重要的决定，而不是简单的适应外部环境的随机变化，也不是盲目的跟随一种潮流，更不应该情绪化。优秀的品牌更注重品牌改进中如何能够保持形象的连贯性，同时又有所创新。全球著名的连锁咖啡店星巴克品牌改变了原有的形象识别方案。这个新的方案已经投放应用在星巴克的店头、员工服饰和店面的待客区上，也应用在杯子等店内的物品上。与之前的形象不同的是，现在的形象保留了原有标志中心的图形部分，而将原有标志的文字识别部分作为单独的形式表现。这个方案显得更加突出图形化，形式更为简单了。这引来了各方面的不同评价和热烈讨论，现在这一经过改良的品牌形象逐渐得到了消费者的认可。

---

① 优衣库品牌总裁柳井正。

1.1.3 认识品牌属性

品牌形象会在较长的时间里表现的相对稳定。在零售商品品牌中，那些符合消费者愿望的企业生产出品质良好的产品，提供了优质的产品和服务，确保了稳定的消费印象，同时在视觉形象上，如在广告、店面、卖场等地方不断地投放，以强化品牌在消费者心目中的印象。零售品牌联系消费者，注重与消费者的密切接触，与消费者之间需要有频繁、良好的沟通，品牌形象的传播具备长期稳定的特征，品牌在此基础上保持了良好的口碑。例如，同仁堂药店长期以来以优质的产品声誉为消费者所认可，而可口可乐品牌的活力则一直延续在消费者心目中，路易威登品牌持久的品牌号召力成为奢侈品品牌中的佼佼者，这些无不保持了稳定的品牌形象传播。

品牌的强大以消费者的认可为基础，其形象在遭遇重要影响时，信誉受损，品牌也有脆弱的一面。在一些重大事件的影响下，品牌的外界环境改变了，来自舆论的不利评价，问题产品的曝光，等等，负面因素在媒体传播中极速扩散，在短时间内可能迅速影响品牌发展，品牌形象受到冲击，负面信息甚至直接摧毁品牌。这时，品牌形象就表现得很脆弱。作为品牌成长的条件，长期稳定的产品质量、成熟的企业规模，以及标准化的服务体系等是品牌成长壮大的必要保证，品牌较为稳定，但随着时代变化，消费者的消费观念和行为方式变化了，消费心理上也有所改变，消费意识表现得更趋向流动性、易变性与复杂性。在特定市场环境与事件的强烈影响下，消费者会出现相应的复杂心理变化，这会影响到品牌形象，品牌快速地失去市场，因而品牌也会在此时表现得十分脆弱。

互联网时代，一大批因循守旧、没有及时转变思维的企业关门倒闭，这不得不给我们一些启示。电商作为历史上不曾有过的新事物出现，部分线下零售品牌出现了危机，这成为了一个背景，线下的零售品牌在没有做好准备的时候，脆弱的一面暴露出来。2008 年的香港，一家创办六十多年，曾经经历了 1998 年亚洲金融风暴而屹立不倒的香港泰林电器行宣布了清盘消息，这家老字号轰然倒塌。安永会计师事务所在对这家香港本土的原第四大电器连锁企业的百余名职工做情况说明时，声明泰林背负了 1 亿多港元债务。但在此之前的相关资料显示，泰林曾拥有 13 家分店，其规模在香港本土的电器连锁商中排在第四位。品牌在发展过程中过于专注于自己，而忘记了周围环境的变化，在经营中忽视了其所处时代的变革，因而无法克服趋势性发展障碍，最终落得这样的结局。

品牌在成长中表现了一定的可塑性特质，这表现为能够根据市场和消费者需要改变品牌的策略，调整品牌定位。在对消费市场充分调研的基础上，原有的品牌推广升级改造，增加了新的内容和活力，赋予品牌形象新的表现力，塑造出更鲜活的形象。2000 年年底，宏基品牌转型专注品牌营销时，施振荣当时就强调宏基公司只剩“宏基”这两个字。然而，经过几年专注的品牌形象建设，宏基品牌不断创造无形价值，品牌再次获得了市场肯定。这是品牌推广改变重塑自身的例子。

在重塑品牌过程中，品牌更加符合潮流和时代趋势，能够意识到未来，与趋势融合。如今的麦当劳品牌也正在发生悄然变化，这家历史悠久的品牌在经历了突飞猛进的发展后，重塑自己的形象，建立了新的品牌“McCafe”，这是麦当劳近年发展出来的细分品牌。与传统麦当劳形象不同的是，“McCafe”更倾向于为办公室白领服务，其选址也多位于写字楼和办公地点集中区域，目标是创立一种为工作中的白领提供便捷服务的场所。这是传统企业逐渐拓展品牌视野，积极改善品牌形象的举措。其品牌色彩上更大胆地使用了黑色、白色，这也是极不寻常的改变。

1.1.4 品牌的自我认知

“危机感，不管持有多少，都不为过。解读各种公司的历史会发现，一旦在某种产品上取得了成功，之后即使出现了销售下滑，也会侥幸地认为还能再维持一段时间。说消亡的企业多因其成功体验而倾覆，恐怕并不为过”，伊藤喜公司[①]的第十一任总裁松井在谈及面对市场企业自我认知时说。

在面对消费者的零售市场中，品牌能否深入人心、在消费者心目中形成持久的良好印象，这是品牌内部价值和外部形象共同作用的结果，任何过度依赖成功经验的品牌都有可能会面临严峻的挑战，这是品牌自我认识的一部分。

品牌能否认清自己在市场中的位置，是否真正做到全面的回答“我是谁”的问题，是自我认知的核心。“认知度在市场营销中是一个客观存在。这意味

① 伊藤喜公司，日本办公家具行业巨头。

着，人们对你的品牌的看法就是你的品牌所代表的意义，不管你接受与否。”品牌专家布琳达·本斯指出了品牌自我认知的重要性。“一些经常与我合作的公司大老板都会提出：我们想弄清楚我们的品牌在市场上代表着什么”，她继续讲道，“我们着手聘请市场研究机构去调查客户对其公司品牌的认知。当调查结果出来的时候，我会坐下来和那些公司的大老板开会，审查调研报告，这时往往出现以下情形：公司的大老板先是坐在那里翻翻报告，然后脸上由希望和期待的表情转变成眉头紧缩、愁容满面。这不是我们的品牌所代表的意思！但是，这确实是他们的客户对他们品牌的看法，不管他们对这一结果接受与否。”①

这种情形在全球任何一个地方都屡见不鲜，这是很多品牌共同面临的问题，也是我们一直要面对的基本问题。一方面，企业和品牌持有者们对品牌信心满满，甚至极度自负，不认为现阶段的品牌有任何问题，自我认知不够客观。另一方面，事实上，品牌在消费者眼中却存在不少问题，通过调查可以发现，消费者对品牌的认识并不如品牌管理者的自我印象那么乐观，两者表现出了较为明显的认识偏差，信息出现不对称。企业管理者、品牌商认为自己有很清晰的品牌定位，但消费者真正的回答却是另外一回事，这种情形并不少见。因而需要帮助管理者们建立理性的品牌思维，建立正确的自我认识，改变陈旧和感觉良好的固有观念，认清品牌真实的一面，这对品牌管理者来说有很重要的意义。

品牌形象的真实情况是来自消费者对品牌的综合评价，并非品牌的自我主观评判。在具体品牌价值、商品属性、品牌识别、品牌服务等方面，品牌给人们留下印象，消费者对此进行评价，这时品牌形象才真正建立起来，而不是由主观的品牌认识决定的。需要注意的是，无论一个品牌目前有怎样的用户忠诚和市场规模，以及品牌阐述了怎样看似合理的价值理念，这都不构成自我认知的基础，最终能够成为认知依据的只有消费者对品牌的态度。

品牌在消费者心目中的印象是长期的品牌积累，例如，手表品牌中，调查发现，劳力士、浪琴和欧米茄被认为是受到欢迎的奢侈品品牌，这是消费者对品牌的认识。在高档香水品牌的调查中发现，香奈儿、兰蔻和阿玛尼都是消费者主要的品牌选择。之所以能够被广泛接受和认可，是因为品牌形象

① 《小成本做大品牌》，布琳达·本斯。

塑造被消费者认可了，形成消费者心目中的明确的奢侈品形象。这不仅是具体商品的价格问题，也包括了品牌的细节，以及品牌文化的认同感，品牌的媒介传播等。

品牌自我认知水平来自市场中的表现。这包括了商品策略的宣传，也包括了在消费环境中具体的售卖环境设计和形象应用策略。消费者在消费和购买过程中感受到品牌的价格、消费环境、服务面貌等因素的影响，甚至会具体到环境中的光线、温度、气味等因素。在零售环境中，环境上如果乏善可陈，空间布局、气氛营造、导引设计等方面无法做到有很好的体验感，不能够为消费提供亲和的感受，那么这个品牌就很难给顾客留下好的印象。品牌的自我认知反馈评价会降低。例如，星巴克咖啡之所以受到顾客青睐，是因为其店面环境设计无论从整体性上，还是到细节如桌椅的形制、灯光、色调等都经过了认真推敲和精心设计，这也成为消费者更加认同品牌的原因之一。

1.2 零售品牌形象

1.2.1 塑造清晰的品牌形象

清晰的品牌形象一定是消费者能够理解的品牌形象，不需要消费者花费很多时间和精力去解读，而是拉近品牌与消费者距离，这是零售品牌面向消费者的重要意义。塑造清晰的品牌形象来自于品牌形象表现的多个方面，具体表现在品牌名称、品牌的广告语、品牌视觉形象等方面，对这些方面有了识别和记忆，消费者能够认同品牌这一形象。

品牌的各方面信息得到有效的集约和统一，传递出一个意思，表达一个理念，无论是视觉形象，还是其他方面的体验，融合成一个声音，则给消费者的品牌印象是明确和清晰的。

奥格曼狄诺在《世界上最伟大的推销员》一书中做出这样的描述：

“如果想法改变，态度就会改变；如果态度改变，行为就会改变；如果行为改变，习惯就会改变；如果习惯改变，人格就会改变；如果人格改变，命运就会改变；如果命运改变，人生就会改变。只要决心成功，失败永远不会把我击垮。”

清晰的品牌形象是逐渐确立的，是一个不断加强的过程。同仁堂、农夫山泉、脑白金都是不断强化后的品牌形象，清晰的品牌才得以建立。我们要做到使品牌更为清晰，绝不可能一劳永逸，而是在不断地改进过程中，循序渐进地加以实现。

品牌的主观形象是一方面，而消费者心目中的品牌印象则是另一方面。在品牌策略的制定过程中，这一判断总是被不断检验。我们往往发现这样的品牌，它们表现得很自我，却声称了解目标消费市场，表现出居高临下的姿态，管理层则并不急于考虑品牌问题，也不注意思考品牌是否足够清晰。在与他们的谈话中经常会发现，他们对品牌很有信心，对品牌价值理念能够倒背如流，但对市场和消费者缺乏足够细致的认识。这些品牌包括刚进入市场的年轻面孔，也有在市场中沉浸多年的老样子。但无一例外，不够重视市场和消费者，认知上存在偏差，没有把消费者的利害放在品牌策略的第一位，最终都在市场中遭到冷遇。

尊重消费者的品牌将会获得清晰的品牌形象。以宝马品牌来说，它一直是世界范围内高档轿车中的佼佼者。假设做一个尝试，在任何一个时间，伫立在繁华的路口哪怕稍作停留，数一下行驶在路上的宝马轿车数量，就会发现宝马品牌受到青睐的程度。宝马品牌创立于 1916 年的德国慕尼黑，起初它是一家飞机引擎生产企业，经过逐渐发展，已经成为生产高级轿车的领军品牌，一直保持着高档轿车的典型形象。很多年来，流传着这样一句话“开宝马，坐奔驰”。顾名思义，引以为傲的优良操控性能一直是宝马品牌的清晰特征。同时，宝马企业也拥有 MINI（迷你）品牌，但在这两个品牌之间有清晰的界限，不能混为一谈。两个品牌在产品设计、技术性能，尤其品牌个性方面都是不同的，对应的消费者也是不同的。无论是 BMW（宝马）还是 MINI 都充分体现了不同的品牌个性，注重了消费者的认识，人们能够清楚地区分，而不会混淆这两个品牌。

1.2.2 品牌知名度

在品牌认知度上，可分为未经过提示的品牌知名度和经过提示的品牌知名度。前者更能反映清晰的品牌形象，认知效果更为明显，更突出反映品牌竞争力。未经提示性主要针对品牌形象的回忆程度，在没有提示的情况下，消费者能够比较清晰地表达对品牌的认识。在未经提示的情况下，消费者能够较清晰地回忆起与品牌相关的某些信息。例如，能够回忆起品牌的名称、图形、色彩等。也包括对品牌相关的其他重要识别信息的记忆，例如，品牌店面、品牌代言人、品牌行为等。提示性主要表现在需要有一定的提示，在提示前提下，人们会记忆起品牌相关信息。

知名品牌有着很好的品牌认知度，因为它的形象、个性十分突出，产品、服务也有别于其他品牌。宜家是著名的北欧家居生活服务品牌，在众多的同类品牌中，它有更为突出的品牌知名度。就其形象而言，品牌色彩是其中的一个方面，品牌色彩有很好的认知效果，容易被识别和记忆。它有两个基础的识别色彩，一个是鲜明的黄色，另一个是明亮的蓝色。色彩搭配具有很好的直观特征，有明确的、未经提示的知名度，与众不同。其品牌理念和品牌店面环境也在认知上具有优势。宜家品牌的产品（如图 1－1 所示），把“功能、质量、设计、价值很好地结合在一起”，而“为大众服务”是宜家的经营理念，它倡导“为大众提供经济实惠的家居装饰产品，而非仅为少数人服务”的品牌信条。事实上，走进宜家店面，从产品和服务上都可以鲜明地体会到这一点，这也使得消费者对其充满好感，因而印象深刻。品牌拥有明亮的色彩对比，简约的品牌识别文字设计，再到产品简洁的设计风格和实用性，以及店面环境和广告等，都具有非常明确的品牌形象特征，这成为知名度的很好注解，它们相互关联，融合成一个整体。

图 1－1　宜家品牌

宜家家居的品牌识别是直观的，其品牌形象是以文字和色彩为识别特征，让人很容易联想到品牌的北欧文化背景。作为一个知名品牌，宜家具有更多的未经提示知名度

品牌有明确的消费定位，这是品牌整体策略的一部分，它使品牌更趋于合理，能够有助于体现品牌知名度。这一合理性一旦实现，品牌更易为消费者认知。哈根达斯品牌是著名的冰淇淋品牌。哈根达斯的闻名，因其产品所用原料纯正，产品的品质上乘，在宣传策略上，品牌拉动了年轻人的情感之弦，目标消费者十分清晰，市场的针对性明确，因而品牌顺理成章地被年轻消费

群体认可。

提示信息对品牌知名度也有十分重要的作用。经过相关信息提示后，品牌逐渐清晰化，提示因素在认知品牌过程中具有重要作用。经过提示，消费者有可能回忆起品牌的某些重要信息，如品牌名称、广告语等，包括标志在内的品牌视觉识别等。例如，提起怕上火，人们就会想起王老吉，提起保护牙齿，人们就会想起佳洁士，而提起洗发去屑，就会想起海飞丝。

提升信息本身如果是较浅显的，那么消费者对这一品牌的认知水平则更直接和明确，要优于需要复杂和多重提示的品牌。经过一定的提示，比如提示购买经历，或者产品信息，品牌会浮现在消费者脑海中。在这里，提示成为促成品牌认知的重要介质和手段，提示的信息成为打开消费者记忆的一把钥匙。因此，对零售品牌策略来说，通过空间、事件、形象、文字等信息链条，减少品牌信息阻隔，注重提示的直接性是品牌推广中需要重视的问题。

1.2.3 零售品牌的市场切入点

戴维阿克在对品牌的描述中做了深入的阐述，他说："品牌个性的重要性在于它是使品牌与众不同的关键，我们可以看一下这些品牌：哈雷戴维森摩托车，土星汽车，赫曼娱乐，蒂芙尼首饰，激情香水，杰克丹尼尔威士忌，联合航空公司，梅赛德斯奔驰。所有这些品牌都具有其独一无二的品牌个性。"

品牌进入市场，如果形象不够清晰，那么就有可能被市场忽视，湮没在在众多同类品牌中。这样的品牌，消费者也无法对其产生兴趣。

品牌处于市场中，就如锥处囊中，这把品牌锥子要足够的尖利，才能够突破障碍，被消费者注意并接受。粗钝的锥子，不够尖锐，不能有效地突破品牌与消费者之间的障碍，无法打开通向消费者的突破口。任何一个有所作为的品牌，想找到这个突破口，就有必要清楚地认识到品牌和消费者之间的关系，了解这重障碍，以定位和策略作为突破口。

建立口碑是品牌打开市场的重要方法。消费者对品牌自发的形成高度认可，品牌突出了产品和服务，给消费者带来了实际利益，因此消费者会认可这一品牌，这就成为品牌的市场切入点。正是这个有利因素，使品牌变得强而有力，形成市场突破。在营销中，获得良好口碑的品牌是最大的赢家。口碑作为一种品牌评价标准，是消费者口口相传的传播形式。这种传播方式在当前的市场条件下显示出优势。与曾经的街头巷语不同，在如今的互联网中，一件商品有好的口碑，借助互联网媒介能够以极快的速度实现传播。传播的速度是惊人的，而且其辐射性更令人叹为观止。现在，品牌建立良好的口碑，比任何时候都更有必要。

品牌切入市场，要突出诉求重点。有诉求重点的产品是明确的产品，有明确的市场定义。凉茶是消费者熟悉的产品，它由中草药混合熬制而成，有清凉去湿的功能，因而在它的出产地，也曾被理解为“药茶”。2002 年以前，当时的王老吉凉茶在南方的部分地区销量较好。也有比较固定的消费人群，销售额能够保持在 1 亿多元。但随着品牌发展，品牌宣传切入市场遇到了一些问题。在充分调研基础上，品牌建立起了以“怕上火，喝王老吉”为主题的品牌策略核心思想，采取了针对性的广告宣传和媒介投放，取得了很好的营销效果。品牌视觉上突出红罐王老吉的产品形象。在黄金时段进行广告投放，以轻松、欢快、健康的形象传达着品牌。电视广告则选用了品牌诉求的典型场景，比如吃麻辣火锅和熬夜看球赛，吃油炸食品、烧烤等情景。无疑这些场景和画面都隐含了同样的主题信息，那就是突出在这些场合中人们的行为共性，强调品牌与“上火”之间的关系。因此，我们也能够看出，清晰的定位能帮助品牌顺利切入市场，宣传诉求推动了品牌营销，从而产生了巨大的品牌效益。

不同媒介都有各自的品牌宣传特点，因而切入市场的因素中包含了对媒介的合理运用。传统上，电视具有广泛的影响力，传播面广。而杂志具有精准的受众群，杂志上投放广告能准确到达目标受众，具有针对性。移动互联网包括 App（应用程序）在内更符合现代品牌传播需要，无论在形式上还是在内容设计、便利性上都具有巨大的媒介优势。在交通枢纽和社区公共场所，如商业区、办公环境的公共媒介，具有空间上连续性和互补性，这些介质都能从不同侧面给品牌制造宣传优势，让品牌形象传播得更远，更持久。

“营销，我觉得最为核心的一个问题，还是要了解你是销售给谁。把目标消费群研究透了，然后再适当选用一些表现手法，把你的想法换一种方式传达给消费者”，史玉柱这样说道。作为成功的商业奇才，史玉柱给人们留下深刻印象的是他一手创立的品牌——脑白金。这个品牌几乎在一夜之间让人们记住了它的广告宣传语——“今年过节不收礼，要收就收脑白金”。而这一消费见解正是经过深入分析和研究，针对目标消费者的消费思维确立的。对消费态度的洞察成就了脑白金品牌，取得了很好的营销效果。脑白金推广之初，史玉柱对消费者进行了认真的实地调研，发现了消费者的消费思维——老年消费者们尽管对该产品有足够兴趣，但并不积极地购买，而更希望儿女为他们购买。因而“今年过节不收礼，要收就收脑白金”的品牌诉求就顺理成章了。

1.2.4　零售价格与品牌形象

摆在货架上商品只能够称之为商品，而走向需求单产品才会成为消费者认可的品牌，只有消费者在消费产品的过程中，品牌的价值才会体现出来。而此时，价格将关系到消费和选择。

消费者从接触商品开始到购买及使用，直至最终完成消费评价，不可避免的是，价格始终是消费者衡量品牌价值是否实现的依据。如果购买了更便宜的商品，消费者对品牌的价值判断标准会有所降低，相反，如果消费者购买了价格昂贵的商品，就会对这一品牌有更高的期待。这表现在最终的定论式评价中，人们对商品做出最后评价依然会与价格有关，而不是有统一的标准。因而，从价格角度来看，品牌的形象势必与之有关。

在消费者心理上对商品价格的认可度，或者认为商品价格偏高，或者认为适中或偏低，都是总结以往的消费经验、对消费预期做出判断的结果。消费者凭借消费经验认为一件商品是否“值得购买”，并且以此作为评价基础，也会将之转换为“钱花得值不值”的消费概念，如果认为购买这个产品，花出去的钱是值得的，那么消费者对这个产品和价格的关系是认可的。例如，一部新的 iPhone 6 手机售价为 5000 多元人民币，一款香奈儿（Chanel）小羊皮经典盖包售价约为 4 万元人民币。这些商品的价格之所以被市场接受，消费者认为物有所值，其原因并不是因为产品的重量或者容量的大小等，而是将价格与品牌关系起来，也就是说苹果手机的价格尽管是高的，但是这是值得的。因而，反过来，价格有些时候成为品牌的一面镜子，价格也反映消费心理，超过正常水平的、过低的价格有时会被认为缺乏某种品质保障，而过高的价格有时可能会被认为是虚高的、与品牌脱节的，这些情形都反映了品牌存在的现实问题。

消费者如果能够找到类似的参照标的，那么就比较容易得出价格结论；相反，消费者就容易在选择品牌上感到困惑。能够成为参照物的是有相似度的品牌和相似的形象。在消费者心目中，品牌形象相似，品牌就属于同一档位，因而价格也理应是相近的，从而就形成了参照性。一个产品的价格如果高出另一个同类产品，那么对于消费者来说，这个品牌就必须有更多的说服力，否则这个价格就不会被接受。因此，一个优秀的品牌希望有更高的附加值，有高于同类品牌的价格，那就必须具有明显的优越性，这一品牌的形象首先要占据消费者心目中的最有利位置。我们身边不乏这样的品牌，如施华洛世奇水晶、苹果手机、Think Pad 笔记本、佳能单反相机等。苹果公司从音乐播放器开始，产品在数字和信息产品消费市场上一路所向披靡，各种产品极具吸引力。无论是在纽约第五大道的苹果旗舰店还是在北京、上海的苹果品牌专卖店，购买苹果产品的“果粉们”排起了长龙。长期的品牌忠诚度形成了高度的用户黏合。即使苹果产品的价格也在同类产品中是较高的，但仍得到了消费者的认可，这就是品牌形象的作用。

1.3 市场与消费者

“看看这个世界，现在的产品中哪些是太贵了，或者是需要很多技巧才能使用的，存在不方便的地方，或者太花时间等，这就是你可以开始颠覆性创新的地方。要关注的是那些现在不买你的产品的人。他们是需要新的商业模式来满足的，这就是打开持久增长之门的钥匙。”

——克莱顿·克里斯坦森

1.3.1 以产品为导向

在零售市场中，产品必然面对消费者，消费者的需求即市场。对产品而言，唯一不同的地方在于产品需求的多寡。有些产品大卖特卖，而有些产品则只受到小众认可。无论是大市场还是小市场，产品都无疑对应了一种需求，因而需要解决问题的关键就在于及时发现这种需求，使产品与其很好地对应，最大化地调动这种需求。

企业经常被一个问题所困扰，绞尽脑汁地思考如何创造更好的产品，然而好的产品从何而来？可以肯定的是它一定来自于消费者，而不是生产者的主观意识，产品是消费者最佳兴趣点和最大满足感的体现。

产品连接了消费者与品牌，形成一种品牌的被需求关系。这可以表示为：

- 产品——消费者（使用关系）；
- 产品——品牌（延伸关系）；
- 品牌——消费者（满足关系）。

产品因其使用功能或者外观形象等因素，受到消费者青睐，会促进购买，这被认为是一种使用关系。消费者因为要使用一个产品，会对这一产品更多关注，购买后使用过程中进一步产生好感，对产品产生好的评价，从而使购买关系更为紧密。例如，智能扫地机器人，只要简单设置，就能够自动完成清扫工作，因而方便和智能、科技感是该产品使用的体现。

在此基础上，消费者关注到产品背后的品牌，这是从产品出发形成的品牌认知，品牌成为一种代表性的意见和形象。消费者从对产品的需求、产品的接触，进而对品牌产生认同和信赖，产品与品牌表现出一种延伸关系。

品牌和消费者之间以产品为依托，产品连接了品牌与消费者。从某种意义上讲，产品在零售行为中被赋予了重要的基础角色，人们从产品中认识了品牌，品牌因而成为一个价值象征，一个代表性特征，它不再是一个简单的视觉符号，或者是一个单纯的概念，而是一个价值认同，一种评价，或者一种态度。例如，消费者认可同仁堂，必定是从同仁堂的实际的产品出发的，对其品牌产生信赖感；认可沃尔玛，也必然是以购买产品的价格优势为前提的，信赖国际化的大品牌。

从产品出发的认识，体现为以下几个方面：

- 产品的品质——消费者对产品的基础性认知；
- 产品的档次——结合更多的使用心理，对产品品质评价；
- 产品的特色——与同类产品相比，产品的差别性优势。

满足消费需求的产品会使消费者产生一种认识，消费者会以为这种需求与产品之间存在依赖关系。消费者认为其代表了一个愿望，或者实现了一种期待，从而认为它是好的产品，并因此对消费情绪产生积极的影响。

突出的品质以及优越的产品功能，包括产品设计的合理性，不同程度地满足了消费愿望，产品因而被消费者认可，这是产品品质出发的需求。如果消费者需要一个经久耐用的产品，那么真材实料和不宜损坏就会成为消费者认为的产品优点。

消费者根据对使用、操作的需要，激发了对某种产品产生了购买需要，进而选择具有某种明确功能性的产品。例如，对于那些喜欢新想法产品的消费者而言，柠檬杯的出现带动了他们的需求（如图 1－2 所示）。这部分消费者会因为柠檬杯的新设计理念而产生兴趣，进而购买这一产品。与通常的杯子造型和设计理念相比，柠檬杯显然扮演了一个品类中外来者的角色，在消费市场上成功地赢得了那些愿意尝试新事物和有好奇心的消费者的认同。

图 1－2　柠檬杯的设计

柠檬杯的设计一改通常的杯子设计理念给人以新奇感。这个产品使消费者更切实地感受到产品使用功能上的特殊性

因为室内空气干燥，所以加湿器就成为消费者生活中的必备用品。针对这一产品需求，普通加湿器因设计理念问题，加水操作并不方便，外观设计上不够出众。巴慕达品牌的空气加湿器外形别致，造型设计鲜明（如图 1－3 所示）。功能上也有新的变化，独特的地方在于它的加水方式，从上面直接加入。产品的设计变化成为引人注目的卖点。

图 1－3　巴慕达加湿器

产品的档次满足了消费者心理需求。2014 年，iPhone 6 手机上市，在苹果专卖店中，一个普通的流水线产品 iPhone 6 16G 版本手机价格约 6000 元人民币，而 Ninin 定制版的施华洛世奇镶嵌水晶 iPhone 6 手机售价约 4 万元人民币（如图 1－4 所示）。显然，通过深度再加工，也因此彰显出不同的产品档次需求，产品获得了额外的附加价值。

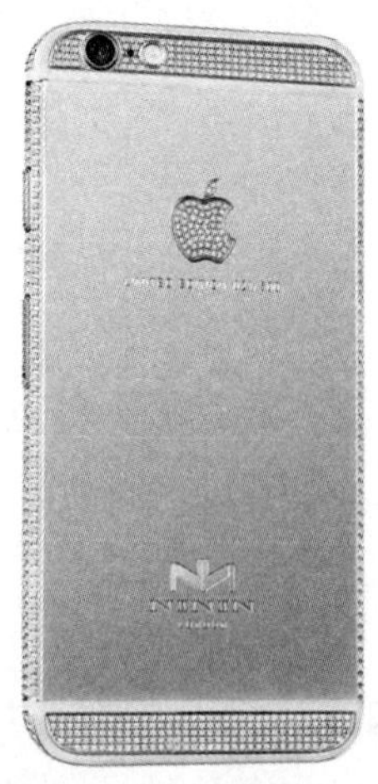

图 1－4　镶有施华洛世奇水晶的苹果手机

镶嵌有施华洛世奇水晶的苹果手机在原有基础上大幅提升了品牌价值，符合特定消费群体需求，满足了更高的消费层次

1.3.2 新市场的形成

品牌在原有的消费市场基础上开拓新的市场，会吸引新的消费人群，因而，越来越多的品牌正跨过原来的市场界限，细分产品，开发新的消费意识。拓展新的市场空间，相应地建立了新的品牌形象。

品牌对消费对象进行重新定位。例如，长期以来许多品牌目标受众对象为女性，现在品牌则向中性化靠拢，而原来以男性阳刚为特征的品牌则开辟了女性消费市场。一些品牌专为儿童生产产品，改变市场印象，同样衍生出成人款式的产品。产品正在频繁调整定位与方向，品牌正在引导新的消费意识，并从中获得新的市场份额。

推出新产品被视为品牌开拓潜在市场的实际动作，从这方面可以看出，原来并未被重视的消费人群正逐渐被关注。例如，化妆品曾经是女性独有的消费品，现在重视女性消费者的同时，也逐渐开拓男性消费市场。男士们在新的消费趋势和消费观念引导下，成为化妆品重要的消费人群。2002 年，欧莱雅在中国推出碧欧泉品牌，之后的该品牌男士化妆品不断发展。目前，几乎所有的化妆品品牌都在男士市场有了不同程度的开发。男士护肤品的需求正在被不断挖掘，而以前男士们只需要一些简单的护肤用品，现在显然不是这样。在产品方面，如男士护肤霜、清洁乳液等产品不断被开发出来（如图 1－5 所示）。研究表明，男士在护肤品上的花费甚至超过了在刮胡刀和刀片上花费的 30%，这一差距还在继续扩大。价格方面，专为男士使用的美容护肤产品也分出了层次。

品牌对新的消费意识和新市场重视，新的消费意识被调动，产生了新市场。例如，女性专用的体育用品正越来越多的出现在专卖店的货架上。阿迪达斯增开了新的专卖店，在北京已经开设针对女性的专卖店。这被认为是标志阿迪达斯零售精细化的尝试。“女性产品一直都是我们在华业务中增长速度最快的品类之一，目前越来越多的女性开始热衷于健身和运动，因此她们都在寻找能最大限度提高运动表现的装备。”阿迪达斯的负责人这样表示。

1.3.3 趋势性变化

消费者的消费思维随着时代和环境的变化而发生变化。新的消费观念也随着科技、社会文化的发展逐渐成长并发生变化。这种情形出现在不同消费

图1－5　针对男士的化妆品

针对男士的护肤产品触动了新的消费领域，护肤用品市场曾经一直是以女性为主导的。现在，这种情形正在改变。针对男士的化妆品越来越细分

阶层和消费领域，在消费意识上甚至是跨文化的，就如美国“千禧一代”，这一人群成长在世纪之交，与他们的父辈相比，他们更多地接触了来自中国的信息，也更多地接触了中国品牌，越来越多的年轻美国人在对中国消费品的消费态度上有所转变。

不同时代，消费人群和消费思维也不尽相同，这带有趋势性。例如，我们称为“月光族”的人群，则表现了年轻消费者的思维，较之其父辈的节俭习惯和勤俭持家的传统观念，他们更为注重消费体验，在购买意识上不再保守，消费的产品也不仅局限在衣食住行等基本方面，而包括了更高层次的消费体验。

现代社会，互联网的快速发展和普及，产生了新型购物方式——网购，网购在增加人们购物便利性的同时也促使消费者的消费思维发生变化。便利的科技服务与消费市场结合，使消费程序简化了。在消费过程中，人们不再局限于用现金进行支付，刷卡成了更多人的选择。现在互联网金融的付费方式也逐渐被消费者接受，例如通过支付宝为一笔交易结账，或者通过扫描二维码的方式完成交易。消费者对真实的实物货币的敏感度在降低，因为不再亲手从钱夹中点取数量不等的钞票，而是付出数字，购物正成为一种形式上

以付出数字来换取商品的消费过程。

目前的互联网平台上，以移动终端为代表的微博、微信成为普遍适用的社交媒介，这促进了信息的高效传输。“超过三亿人正在使用这样的手机应用软件，它们支持发送语音短信、视频、图片和文字，同时也可以以群体为单位互相沟通，耗费较少的流量，适合了大部分智能手机。”微信在品牌介绍中如是说。微信朋友圈正成为移动互联网时代品牌传播中的重要媒介。便捷的语音输入增进了沟通，交流方式更为人性，传播距离上却可以横跨千山万水。同样，还有更多的互联网工具具有这种传播效果，众多品牌则意识到使用互联网工具传播品牌的巨大力量，纷纷在网络上投放信息。

消费领域不再有以往的明确的性别界限。化妆品同样会面向男性消费者，运动产品也会满足女性消费者的需求。超市购物不再单纯以家庭中女性作为诉求对象，男性同样会承担购买任务，也扮演决策者的角色。汽车消费也会面向女性市场，儿童趣味也进入成年人的消费视野。这些都反映出新的消费变化、新的消费思维。

主流消费人群和消费意识也在变化，对消费环境有新需求。消费场所主流人群为年轻人，品牌诉求活力，融合时尚要素，购物环境的表现上显然更偏好年轻人的审美特点和精神需求。西单是北京城中心城区的一个重要商业区域，西单的大悦城百货总是能看到许多的年轻人身影，成为年轻人休闲购物的聚集地。大悦城集中了众多国际时尚品牌，在这里不仅可以找到年轻消费者熟知的服饰品牌，同时也可以找到例如 Onitsuka Tiger（鬼冢虎）、Onda（昂达）这样的品牌（如图 1－6 所示）。大量的时尚品牌聚集于此，满足了年轻人逛街购物的心理需求，环境营造和细节设计上突出时尚感，给消费者带来满足感，服务上提供顾客喜欢的和需要的，因而能够使这种需求关系变得更为紧密。

分门别类给出具体的消费引导，传递给消费者一个信息——我们要为谁服务？站在谁的立场上？适应怎样的消费变化？

在消费环境的视觉设计中，表现不局限于标志符号等平面元素，也包括色彩在内，多种因素同时具有鲜明的品牌表现力。而针对消费人群的审美习惯，能够理解他们的情感需求，也会积极地影响消费者的心理，使消费者感到这个品牌是亲近的，是同一立场的，也是符合自己需要的。人们在实际环境中活动，能够感受到实际的空间感和距离感，实际的体验各种物体和形状的关系，这是实体体验购物的优势，也能够感受到真实物品的比例，能够感

图 1－6 北京西单大悦城的空间环境

大悦城零售环境中的设计不只在销售本身，同时也兼顾休闲和体验感。这是从消费需求出发的整体设计，在细节上关注到消费对象，因而会受到目标受众欢迎

受到空间中的光影变化，更能够感受到空间中人相互影响。零售环境在销售中无疑具有这样的优势，更能够满足人们对真实消费空间和近距离体验的需求。消费者对具体环境的要求比以往更为强烈和迫切。

在零售场所中的不同区域里，消费者通过多种感受来体验品牌，品牌的不同之处和产品的细微差别因此也更为重要，设计上趋向适应新的消费变化，设计细节更精细，内容更充实。如通过触摸可以感到商品的质感，这显然是虚拟环境下无法实现的真实体验感。毕竟，在网络购物中，消费者只有通过产品的文字描述和视觉感知获得相关信息。在真实的零售环境中，这一切可能只需要置身环境之中，用几个动作就能够实现，真实的感知产品，获得精神和直观的感受力，这是满足需求的零售优势所在，也是未来品牌在实体环境中调动品牌传达效果的重要方面。

1.3.4 数字化渠道

在 2013 年，爱德华·斯诺登以“第四公民”身份向纪录片导演罗拉·柏翠丝发送的一封邮件中说道：“从现在开始，你越过的每道边境、买过的每件东西、打过的每通电话、经过的每座手机信号发射塔、交过的朋友、写过的文章、去过的地方、在标题栏里打下的每个字、发送的每个数据包，都在一个系统的掌握之中，它的覆盖范围是无限的，保护措施却是有限的。”

数字化已经成为一种重要的生活方式，深入到几乎每个人的日常生活之中。伴随而来的是数字化优越便捷的信息交流，也伴随其安全性的顾虑。显然，数字化和信息传输已经彻底改变了我们的时代。个人信息不同程度地公开在系统中，无法遁形的生活将会是必须面对的现实问题。

信息呈现出公开性，不再变得隐秘了。在社交平台上点赞会暴露一个人的人格，这并不是骇人听闻，社交数据会成为大数据的一个部分，而不是个人的秘密行为。随手在社交圈中点赞是最为普通的社交平台互动方式，但这足以透露出点赞者的各项信息。剑桥大学和斯坦福大学的研究人员发起的一项研究，其成果在美国《国家科学院学报》上获得了发表。研究人员通过研究指出，数据分析可以对一个人的性格和心理特征做出更好判断。研究又指出，通过分析 150 个点赞，其分析的准确度能够高于父母或兄弟姐妹等家庭成员的结论，而 300 个点赞的分析结果显示，其准确度会高于伴侣的判断。

数字时代伴随着这样或那样的个人危机和困惑，但这种情形已经出现，人们对数字化生活方式已经形成依赖，人们都已经适应了手机随身的日子，接受了身处网络的生活，这是一对矛盾。随着数字化在生活上的全面覆盖，我们不得不面对这种情况。

现在，我们所处的任何环境和交流方式都会沉浸在数据中。无论是企业还是个人都深度参与了数字化，每个人的言行在这个过程中都具有数据交换的特征。通过梳理和分析数据信息，策略会变得具有指向性和针对性，依靠数据能够做到精确的量化参照。这使品牌与消费者之间沟通更为密切，信息更针对了。

在数字化的影响下，零售市场的整体策略有重大改变。线下品牌转变观念，成为线上和线下全方位意义上的品牌。品牌保持了线下市场和渠道，维护线下销售中与顾客互动，同时积极开拓线上销售服务。消费者也根据自己的习惯和购物方式，可以选择在线下的实体店面进行购买，或者另外一种可能，打开网络终端，在手机或电脑屏幕上选择某一个品牌的商品。传统购物是面对面的品牌沟通，而后者则代表了数字化交流渠道。对依赖屏幕的用户而言，线上的购买成为一种习惯，在线购物因而成为众多品牌在策略制定中必不可少的部分。

数字化的媒介成为品牌策略中力争的重点，这是与以往不尽相同的，数字化媒介占据的地位越来越重要，消费者已经融合其中，因而品牌必须适时跟进，而不能被落下。与其说，品牌策略正在转变观念，更加重视数字媒介，也可以说，品牌制定策略上已经离不开数字化渠道。在零售市场中，零售品牌面对消费者，正越来越意识到问题所在，传统销售观念注重现场，依靠经验和面对面交谈。经验会拉近品牌以倾向于顾客，而现在需要面对的则是通过在线销售方式，无法面对面，也无法体会到空间和质感等。数字化生活中，人的行为与数据信息密切相关，人们会更加频繁地使用数字媒介。手机、平板电脑等便携式的数字介质成为人们必不可少的日常工具。借助这些终端，人们浏览信息、交换信息和交流情感。这直接导致人们对传统媒介的疏离。品牌策略必须适时做出改变，以适合这一行为趋势，利用优势，回避其弱点，优化传播。

1.3.5 小产品和大市场

“品牌从未有如今天这般重要，变化速度越来越快，经济和市场变化莫测，技术进步和创新突飞猛进，以及市场分的越来越细，所有这些使得许多未能打造强势长青品牌的公司纷纷倒下，其产品退出市场。”保罗·腾普诺在《高级品牌管理》一书的序言中这样写道。

在市场中，谁都无法轻视一个小的产品。小产品往往看似不起眼的，无论是从体量上，还是从价格上。从产品生产到市场定价，小产品极少有触发市场的轰动性因素，但是看似不起眼的小产品与消费之间紧密联系，有可能在市场中尽显强势，发展成为大品牌。

不起眼的产品成长和壮大，成为一个重要的品牌支柱，这离我们并不遥远。在20世纪30年代，40岁的山德士来到肯塔基州，为了生计在加油站附近开始烹饪和售卖以炸鸡为主的食品。因为他的炸鸡味道好，山德士的名字和他的炸鸡名气越来越大，很多顾客甚至驱车专程慕名而来品尝他制作的美食。这个从加油站起家的炸鸡产品成为如今人们耳熟能详的国际品牌肯德基。现在，这家著名的国际连锁餐饮品牌在全球有万余家门店。

在零售消费中，我们会经常接触类似的小产品，这些产品我们都习以为常。零售消费市场上的小产品背后却是大规模的产业链。广西有一种地方名小吃叫作“螺蛳粉”，这是一种小吃米粉。之所以称之为“螺蛳粉”，是因为它的汤料是用螺蛳熬制而成的。这种零售小吃是以米粉搭配酸笋、花生、青菜等调味，加入螺蛳汤食用。现在这一零售食品的单品市场容量约百亿元，全国现有门店近5000家。2008年，“螺蛳粉手工制作工艺”入选广西壮族自治区非物质文化遗产名录。这一小产品依托产业链，正在快速地成为一个成长型的品牌。

市场不会否定任何一种消费共识，小产品能够打开市场，也会成为大品牌。在小产品的不断尝试中，我们应该意识到，从根本上说这是市场和消费者的选择。市场选择了那些满足消费者旺盛需求的产品，这一产品进入市场，寻找到合理的定位，就会获得相应的市场份额，成为大品牌。康师傅的2014年财报中显示，在2014年康师傅的方便面市场占有率为46.8%，销售额占整个市场的56.4%。公司2014年净利润在4亿美元。方便面作为一种消费者最熟悉的产品，创造的市场价值令人惊叹。

在零售品牌的相关产业中，小产品的品牌连锁效应十分明显。无论是单品还是经营系列化的产品，小品种往往都蕴含巨大的潜力。没有谁能够预测出接下来哪个小产品会成为国际品牌，我们也看到康师傅、肯德基这样的品牌，他们占有大份额的市场。也不难想象在未来依然会涌现出类似的品牌。

小产品成为大的品牌，是以市场潜在的巨大需求为前提的。在面向大众消费者的零售市场上，成功的小产品屡见不鲜。在货架上，小产品汇聚成一个品类，如休闲食品类中就包含数以百计的小产品。消费者究竟会选择哪一个，这才是小产品获得成功的关键。被消费者认可的产品将会获得高的市场份额增长，而不符合消费者意愿的会逐渐被淘汰。认识到市场的开阔前景，同时也要找到市场中的位置，弄清究竟谁是真正的潜在消费者，要意识到产品自身在市场中的定位是怎样的。例如，婴儿用品成为一个大容量的消费市场，消费观念变化，对于婴幼儿产品的需求在发生变化，国内纸尿裤市场容量已达到250亿元左右。但事实上并非所有品牌的纸尿裤都会受到消费者青睐。相反，帮宝适、好奇、花王等品牌占有了更高的市场份额。因而，小产品在确立了有效的市场定位之后，其品牌价值得到放大。

1.4 品牌理念的建立

企业文化能把战略当早餐吃。

——彼得·德鲁克

1.4.1 企业理念

企业不仅代表了一个经营机构，也不单意味着在这个场所制造出某些产品来，而且也意味着作为一个聚集了消费者期待的机构，是零售市场上出现的某些产品和服务的动力所在。

我们都知道，高大的树木根系深入地下，牢牢地抓住地下土壤和岩石，从地下汲取养分。企业品牌正如同高大的树木，其品牌理念则如其根系，在那些形象卓著的品牌之下，必然有着同样强大的品牌理念之根。

企业的品牌理念也被称为企业的 MI（MIND，思想）。在 20 世纪 60 年代，CI 系统理论在美国得到发展，构成这一理论的三个重要部分分别是理念识别（MI）、行为识别（BI）和视觉识别（VI）。这一理论于 20 世纪 90 年代在国内得到广泛发展并普及应用。在这一品牌体系中，企业理念的含义体现了企业的精神性，是企业品牌的价值观和企业文化。对企业来说，理念具有纲领性，具体表现在企业的经营哲学、企业价值观、企业的文化等方面，同时也是整个企业识别系统的核心和依据。

企业的品牌理念成为品牌成长的基础，推动品牌在时代发展中获得新动力。1927 年，从第一辆沃尔沃（VOLVO）汽车下线以来，“沃尔沃”这个品牌就逐渐成为了汽车界优质、安全的代名词。总部设在瑞典哥德堡的沃尔沃企业，在全世界超过 100 个国家设立了销售和服务网络。沃尔沃品牌所倡导的安全、环保和品质，是其恪守的品牌核心价值，也是沃尔沃对每一个消费者的承诺。

企业品牌理念展现了十分丰富的细节。

通常，品牌理念的建立涉及以下几个方面：

- 企业的品牌文化；
- 企业的品牌精神；
- 企业的核心价值；

- 企业的目标和愿景；
- 企业的品牌战略等。

面向零售市场的品牌，与消费者的关系更为密切，品牌体现消费者利益和需求是理念阐述的一个重要部分。正如消费者在购买过程中认可一件产品，事实上也体现了消费者对企业品牌理念的接受程度。例如，消费者认同必胜客的比萨饼，事实上也反映了消费者对必胜客企业理念的认可。

零售品牌策略中，企业品牌理念与核心产品之间有重要的关联性。企业品牌往往与某一个核心产品紧密联系在一起。核心产品是企业营销的重要内容，是企业竞争力的体现。在零售活动中，当提及消费者心目中的某个企业品牌时，消费者会自然联想到这个企业的核心产品。消费者会把对自己有重要意义的产品的感受转化成对企业品牌的体会。消费者明确认准购买的商品，从某种角度上说，就是对这一产品背后的企业品牌的认同。例如，奢侈品销售中，消费者认准购买路易威登的女士手包，也就是对路易威登品牌有了强烈认同感。而在普通居民的居家消费品购物中，购买宜家产品的消费者，一定对宜家品牌的企业理念抱有认同感。当提及苹果手机的时候，消费者自然也一定会想到苹果公司，苹果手机和苹果公司在价值上对应。核心产品的市场地位一经确立，该产品和其企业品牌之间就有了密切的对应关系。

零售市场上能够长期保持优势的商品，必然有值得消费者信赖的企业作为品牌后盾。农夫山泉是人人熟知的企业品牌，其核心产品是农夫山泉矿泉水，其矿泉水产品一直以来在同类商品消费市场上占较大份额。农夫山泉的产品和企业品牌密切联系在一起，消费者在超市货架上购买农夫山泉矿泉水时，事实上也已经对农夫山泉企业品牌有了认可。

强有力的企业理念能够改变观念，开创新趋势。企业理念从文字表述真正转化到企业人的意识和行为上，引导了企业员工的精神，将其自身利益和情感与企业紧密度联系在一起，进而形成优秀的品牌文化。理念在企业内部不断地凝聚智慧和激励出创造力，润物无声地潜在影响人的精神和作风。在企业内部，优秀的品牌团队往往能聚集更多的有识之士。这也是品牌理念的凝聚力和影响力。

小米科技的品牌在实践中倡导了自己的理念：“我们没有森严的等级，每一位员工都是平等的，每一位同事都是自己的伙伴。小米崇尚创新、快速的互联网文化。我们讨厌冗长的会议和流程，在轻松的伙伴式工作氛围中发挥自己的创意。我们相信用户就是驱动力，我们坚持‘为发烧而生’的产品理念。”在2010年北四环的银谷大厦，小米科技公司成立。在这之后，小米科技孕育出了多项产品，从手机到电视，从充电宝到空气净化器，创造出惊人的品牌业绩，成为著名的互联网科技公司。小米科技公司引人注目，企业理念中“拒绝平庸”“创意”“平等”的思维具有引导性，这成为企业文化的一个重要部分，因而形成品牌内部积极的推动力，产品在销售上取得累累硕果。

品牌理念具有创见性，这与领导者的思维密不可分。企业品牌理念的创见性在于能够着眼未来，提出具有远见卓识的指导思想。这一思想和观念的提出一定与其他企业有所不同，能够把握时代趋势，并且洞见未来。乔布斯在有生之年成就了苹果这个全球互联网时代的杰出公司。他也曾一度被迫离开他一手创办的这家公司，不过之后乔布斯重新回到苹果公司执掌全局，他砍掉了冗长和繁多的项目，将鲜明的个人风格融合于企业品牌中，成为企业的关键性人物。因而个人智慧和思维的创建性，使得企业品牌具有鲜明的识别度，使苹果公司与众不同。

1.4.2 产品理念

完善的产品理念贯穿于产品的设计和市场销售中。它既是企业品牌的具体化，也是消费者消费洞察的深入体现。

产品理念的核心不是空话，是具有说服力的精练阐述，最终这会体现到消费者的认知中，接受消费者的评价与检验。在实际产品上，例如，沃尔沃汽车的安全理念深入到产品细节中，形成一套综合性的、完整的解决方案。而无论历史上怎样的风云变幻，同仁堂能够经受时间考验，历久不衰，这与其产品一直以来让消费者放心是分不开的，同仁堂的产品质量稳定，一直为消费者信赖。沃尔玛是世界零售巨头，其理念体现了尊重和卓越，不仅尊重员工，更信奉顾客是上帝。在营销行为注重以优质和低价给顾客服务，因而品牌受到消费者信赖。宜家是著名的北欧家居品牌，有着很好的品牌美誉度，其产品赢得了消费者的普遍赞誉，产品和服务让消费者感到很贴心。企业认为优质和美观的产品应该更加亲民，提倡“民主设计”的理念。宜家的拉姆本（LAMPAN）台灯是一款经典产品，在其设计上注重了美观、实用，以及优质、可持续性和低价的设计观念（如图1－7所示）。

图 1-7 LAMPAN（拉姆本）台灯

LAMPAN（拉姆本）台灯是一款经典产品，其秉承了宜家品牌坚持的亲民的设计理念。产品造型简单，色彩单纯，有很好的实用性

产品理念以服务消费者为目的。产品理念与消费者密切相关。消费者是产品的使用者和意见人，消费者的兴趣和态度将影响产品和市场。“我们成立小米公司，目的就是为手机‘发烧友’打造一款高性能的智能手机。这群人是意见领袖，他们一人的意见，可以影响他的全家、朋友、同事，所以，小米做手机时，第一个创新就是吸收这些人参与我们 MIUI（米柚）手机操作系统的开发，每周发布一个新版。”小米总裁雷军如是说。没有消费者认同的产品，产品理念就会成为一句空话。而小米手机在短短几年时间里成为中国家喻户晓的产品，从产品初创到跻身全球销量排名前几，不得不说是一种奇迹和飞跃，背后凸显了产品理念的强大优势。

好的产品总会成为领导者，就像 iPad 一样。苹果公司首席执行官库克嘲笑了全球的 iPad 厂商：“iPad 总共卖出了 8400 万部，市占率从 62% 直升至 68%，而竞争对手发布了几百款平板设备来竞争，但总共只有 32%。并且 iPad 占全球 91% 的平板设备的网络流量。我们不太清楚其他厂商的设备都在干什么？也许他们堆在商店或仓库里，或许扔在用户的抽屉里。”产品理念清晰则为市场认可，而产品理念模糊无法占有市场。

优衣库品牌注重产品自身的说服力，产品即是其最好的代言（如图 1-8 所示）。在优衣库，70% 的商品都是基本款，其 SKU（最小存货单位）相对其他服装企业更少。尽管 SKU 数不多，但优衣库对每一款都进行了深度开发。例如，一款上衣会细分为圆领和 V 形领，同时也会注意不同性别和年龄，做到消费者的基本覆盖。每个 SKU 都至少有四到五种颜色可供挑选，尤其一些销量特别好的基本款，优衣库甚至可以细分出十种或更多种颜色。这是基于消费的产品细分，是从产品出发的，既服务于消费者，也很好地延伸企业品牌。

图 1－8　优衣库实体店

优衣库品牌作为亲民服饰品牌，以亲切感和舒适性获得了顾客的好评。其产品细分，能够满足不同要求

1.4.3　品牌理念与记忆品牌

品牌理念影响到品牌形象，进而这些形象不断稳固，成为品牌的代表，沉淀在品牌文化中，成为记忆品牌的一部分。

品牌的图形符号、品牌识别色彩等，具有明确的品牌属性，容易被消费者所识记。在消费者的心目中，这个品牌牢牢地刻在记忆里，因而，在看到品牌形象时，这个品牌的形象就唤起了消费者的记忆，将储存在大脑皮层中记忆皱褶里的品牌关联信息激发和传递出来，形成了从形象刺激到记忆信息启动的过程，信息导出成为选择品牌的一个因素。例如，当我们提起 IBM 品牌的时候，自然能够想到其蓝色的标志图形。在 1976 年，保罗·兰德为 IBM 公司设计了八条横纹的字母标志，并选定标准色为蓝色。这一标志深入人心，成为品牌的核心识别要素，代表着品牌价值与理念。当人们看到它，关于品牌的相关信息就会被激发和触动。可口可乐畅销全球，当人们看到 Coca - Cola 这一词语的曲线形象设计时，相关的品牌信息，如某次购买经历、某个环境等都会从消费者的记忆中被调取出来（如图 1 -9 所示）。可口可乐品牌典型的视觉形象还包括了它独特的瓶子造型和鲜明的红色，赋予了品牌强有力的关联表现力，这更促使消费者在接受品牌形象上，能够频繁调动品牌的相关记忆，从而，品牌不断被强化和加深印象，形成牢固的品牌认知。这样一来，品牌与消费者则被密切黏合在一起。

我们会发现这样一个事实，那些能够在消费市场上经久不衰的商品总是很有表现力，它们采用了多个重要的形象要素，以巩固其整体识别性，这些要素围绕理念展开，最终让消费者记住了。在这些品牌中，突出的形象为消费者所乐见，这些形象是深入人心的，如同镶嵌在消费者的大脑中。某个占据主导的形象，在人们的记忆中存留十分深刻，与此同时，其他相关的品牌形象要素也一同与之呼应，品牌整体感强烈。

图 1 -9　安迪·沃霍尔的可口可乐作品

可口可乐的瓶子和标志是其典型的识别形象，著名波普艺术家安迪·沃霍尔对消费品的艺术表现就像是对美国高速发展时期的浓缩景观，他创作过一系列关于可口可乐为主题的艺术作品，带有可口可乐标志的可乐瓶造型就是他丝网艺术作品的重要题材内容

2 差别化的品牌

每个经济时代都会具有某种丰饶性和稀缺性。

——乔治·吉尔德

2.1 环境差别

2.1.1 认识零售环境

零售环境是产品存在于市场的条件，品牌出现在哪里，自然就会有与之有密切关系的消费者和消费环境。无论是产品被摆放在货架上供消费者选购，还是产品被展示在橱窗中供人们欣赏，这都将对未来的产品销售产生影响。

在品牌成长的任何时期，不论是在初创和上市早期，还是在产品销售成熟的黄金期，或者商品销售的低谷期，在不同时期里，零售品牌销售环境都在品牌营销中发挥着作用。它既是销售商品的场所，也是传播品牌的空间，因而，这个空间更多地呈现出综合性，是一个有效的品牌传播系统。

零售环境常常带有主题性，通过营造空间来阐述策略主题，传达品牌理念。在消费者日常的消费过程中，店铺能够吸引顾客的因素是多方面的，然而其中能够留下深刻记忆的，往往是这家店面突出而又明确的主题表现，以及在此基础上品牌制造的很好的传播氛围。

消费者被店铺中的氛围打动，这样一来，消费体验会更为真切，品牌说服力更强。较之缺乏主题的环境而言，主题性强烈的环境更容易吸引消费者注意，带有较强的目的性和诉求，能够清晰地传达品牌理念。以 7 - 11 零售品牌店面为例，统一而富有特色的绿红白相间的条纹设计是其显而易见的识别符号，而其 24 小时的营业时间则贴近了社区生活需求。尤其在夜晚，视觉与品牌很好地结合，鲜明、活跃的条状色彩组合增加了视觉的节奏感，看上去清晰、醒目，品牌具有号召力（如图2－1所示）。

图2－1　主题性消费环境

环境具有主题性，在不同的环境中，根据主题需要给消费者传递明确的环境感受。因此，整个环境就不再是简单的被动载体，而是主动的宣传媒介

零售环境有明确的体验感和媒介特征。零售环境是商品陈列的空间，更是主动表现品牌的空间。环境中展示商品和相关的辅助形象，品牌策略和营销计划得以实现。而此时的环境也绝非一个被动的陈设商品和储存商品的场所，功能上并非只是简单地摆放一些商品而已。这时的环境显然具有更多的主动性，传递相互品牌的体验感。这种体验性通过环境设置细节传递出来，包括了对消费者的视觉、触觉、听觉等多种感官的影响。环境调动了顾客的这些感受，从不同方面给人们传递信息，品牌形象因而得到了传播。而消费者能够据此感受到品牌传递的诉求，感受到产品和品牌细节，从中感知品牌文化，对品牌有更具体的理解，这会有助于消费者最终认可品牌。

现在，零售的特点就是不断加强消费者的感观体验，创建一种完善的体验感，因而消费环境更具有针对性的服务和消费便利性。在消费环境中，人是不能被约束的，是自由流动的，人的行为因而也具有随意性。我们无法想象顾客被要求按照某种线路或者方式来体验品牌的情景——尽管这种情形是存在的，但是这无疑会产生较强的约束力和控制感，因而也不会对品牌与消费者沟通有什么好的作用。通常，消费者进入到一个购物环境中，状态是自由和放松的，此时的购物和浏览是相对松弛和随意的。因而，消费环境就要保障消费者的这种状态和心理，并且提供便利性的设施和服务，使消费者能够根据自身需要自由走动和浏览商品。

对于商家来说，会认为有兴趣进到店面的消费者就是潜在的消费对象。因而，每一个商家都会对进店顾客十分重视，要保证顾客上门即是实现品牌营销的第一步。如果从消费心理和行为角度加以认识，就有助于理解消费者走进店铺的行为举动。消费者迈步走进某家店铺，一定是被某些条件吸引，比如特定商品，或者店铺的商品打折促销信息，或者是醒目、美观的商品形象，也有可能被店面的设计要素——如色彩、图案、风格等吸引。因为这些，消费者对店面环境充满进一步了解一下的好奇心，这是购物环境达到的首要效果，环境和内容有魅力，能够吸引顾客走进来。当然，有些时候顾客的确是“不小心”走进来的——习惯性的行走或随意行为。消费者没有明确的选择目标，也并不见得走向某个方向或地点，只是顺其自然地走进店面。这时，顾客没有明确的消费动机，很可能就是随意地看一下店内的商品，因而，店内的设计亮点和品牌要素就显得十分重要。环境能够制造出消费动机，就可以使无意识的浏览转变为对品牌更深入的了解愿望（如图 2 -2 所示）。

图 2 -2　大型卖场中的信息传播

2.1.2　零售环境中的购买行为

能够为消费者认可的环境，在环境表现上体现了消费者的要求和愿望，这对品牌才有意义。消费者的购物行为是受环境影响的，理想的购物环境会成为消费者消费的前提和动机。在拟订去何处购物的时候，消费者心中会有一张清晰的购物地图，标出了感兴趣的购物场和区域，因而，在走出家门的时候，已经具有了明确的方向性。这很大程度上是由环境决定的。

在零售环境中，消费行为则有其理性和感性的不同含义。理性在于，消费者会根据自己的现实需要购物。如消费者在购物之前列出商品清单，明确购物场所的选购内容。购物清单会指导消费者在购物场所中的行为，因而消费者更关注列在清单上的需要购买的产品，因而显得十分理性，并非以即兴的方式选择商品。而感性因素则触发即时的消费兴趣，随着消费情绪被调动，环境感受力也会发生变化，因而购物兴趣会变化。

在零售店面中，理性购物更多专注于必需性的商品，这些商品在购物之前已经初步拟订好，因而在购物过程中，关注点在购买而不是兴趣上。消费者直接拿取需要的商品，对商品的比较和选择限于对同类型商品、不同品牌之间，比较的信息包括生产日期、价格、品质等，而对没有出现在购物清单中的商品，并不一定会专门留意，因为他们是有目的而来。这个时候，环境为消费者提供便利性和实用性，理性购物的体验感就会更为顺畅。购物过程的便利性、舒适性是要认真加以考虑的。便捷的购物流程能够使理性的购物效率更高，舒适的购物环境增强了愉悦感。顾客在购物中整体环境的美誉评价占比更高。

感性购买存在于选择商品的随机性中，它并不一定表现为明确的购买计划，很多时候会受到情绪、舆论等影响。在销售过程中，应注重感性因素。例如，店内商品能够物超所值，则激起了强烈的购买兴趣。如果店面制造了兴奋的购物气氛，则购买意愿也会加强。因而，消费环境的作用就不仅在于提供便利，而是具有更大幅度的传播功能，制造调动情绪的条件。顾客会在浏览过程中，感受来自品牌的形象、色彩、图形等，也会受到声音、灯光、温度、空间感，甚至是气味的影响。这些环境中的感知因素传递给消费者，均会影响到消费者的情绪和意愿（如图 2-3 所示）。

面对消费阶层的变化和新需求的产生，消费环境要顺应市场，在需求上做出调整和变化。麦当劳建设麦咖啡（McCafe）品牌，升级了原来的麦当劳品牌形象。1993 年 McCafe 以独立的咖啡店形式出现，在原有麦当劳环境中分设出一个区域。现在，通过这种形式，麦当劳为顾客创造了新的快捷服务，以瞄准快捷咖啡的消费市场。从之前的品牌形象到现在，新的环境突出的是

图 2－3　化妆品零售宣传

化妆品零售宣传吸引了消费者走进店铺。大面积的黑色亮光玻璃加之高亮白光灯造型形成鲜明对比，视觉上强烈，有抽象化的表现效果。配合化妆品灯箱广告，这种对比强烈的视觉感受带来强烈的情绪感染，吸引消费者尤其是年轻女性消费者进店消费

新的品牌定位，创造了一种和原有快餐厅结合又相对独立的空间形态。在 McCafe，添置了高端咖啡机为顾客现场研磨咖啡豆，也提供各类咖啡饮品，并且出售一些与咖啡搭配的休闲点心。新的环境更好地推动了品牌发展，满足了消费者尤其是年轻白领的需求。

“买家都会被广告团团包围，精准而实时地展开新的营销攻势，在众多客户之中找准带来最大利润的客户，这只是体现当下人类众多本领的三件小事情。这都要归功于分析学，这一学科研究的是人们迅速概括分析所有数据时展现的科学与艺术”，《大数据营销》的作者麦德奇（Dimitri Maex）和保罗·布朗（Paul B. Brown）在《大数据营销》一书中说道：“我们再也无须精通数学或者统计学，甚至无须依赖昂贵的建模软件来分析客户。数据分析领域正在掀起一场革命。一夜之间，挖掘这些大数据的方法与工具仿佛变得格外简单，价格也不再高高在上。”

对零售环境而言，大数据能够提供一种更为精确的分析，人们的购买行为更精确地被量化。这一分析可以使人的行动轨迹和消费需求认识更为清晰。在大数据面前，消费行为甚至可以被准确定义，针对每一种消费方式都可以找到对应的品牌立足点和表现依据，以适应和满足一种需要。

零售环境进入的新阶段，意义大不同以往，在这一环境里，能够总结并合理地运用顾客数据，有助于找到品牌和消费者之间联系的融合点和盲点，做出

相应的环境设置，使消费者在购物过程中的行为和感受变得顺畅。找到环境中的视觉热点区域和行为热点区域，在这些位置上提供最有说服力的品牌信息，而在容易被忽视的地方加强品牌与消费者的连接关系（如图2－4所示）。

图2－4 卖场环境局部

卖场环境中，在重要的位置，利用空间设计把需要突出的信息突出出来。这些信息包括图形信息、文字信息等

2.2 产品差别

> 新的网络亚文化把来自不同地域的人们聚集成小组，围绕在他们热爱的东西周围，网络生活已经使我们具备了熟练的技巧去搜寻我们想要搜索的人，我们想买、想听、想读的东西。所以，今天的顾客，我们不再能够用随机的身份来定义他们，而是通过他们的兴趣点来进行定义。
>
> ——詹姆斯·哈金《小众行为学》

2.2.1 核心产品

如果将品牌占领市场比作一场攻克城池的战役，那么产品就是重要的武器，这个比喻尤其适合零售市场。在零售市场中，那些能够有所作为的品牌，它们都拥有自己的关键性产品。这些产品体现的是品牌最为重要的核心优势，我们也会称之为拳头产品或主打产品。它们保持着长期的畅销不衰，代表了一个品牌的形象，在市场竞争中始终保持着较高的市场占有率。

核心产品有着鲜明的品牌识别性，人们通过这一产品认识了品牌，一个核心产品自然而然地对应着一个品牌形象，在市场中这个产品象征了品牌的市场开拓能力和地位。例如，旺旺雪饼是消费者十分熟悉的休闲食品，1992年开始投入到国内市场，在当时就受到了消费者欢迎。产品方面，旺旺雪饼的口味给人留下了深刻印象，在消费者心目中建立了旺旺品牌的市场位置（如图2－5所示）。产品的差别化，口味是其中之一的重要因素，同时旺旺品牌的视觉上也与其他同类品牌有所差别，包装用透明材料，很好地表现了产品的外观效果，而红色使消费者印象深刻。多年来该产品盛销不衰，这些因素都有助其市场地位的确立。

图2－5　旺旺雪饼

旺旺品牌推出的雪饼一直受到广大消费者的欢迎，其中不乏老人和孩子。产品口感香脆，口味甜美，旺旺形象憨态可掬。包装采用透明材质，可以看到产品诱人的外观，小包装也十分适合外出携带

核心产品的推出具有很强的动机，这是从消费意识和消费行为中发现并总结出来的。产品成为一种品牌核心竞争力，那么产品的开发初衷就是面对市场中的有价值需求。这种需求经常隐藏在众多同类产品的诉求和体验之下，并没有及时地被市场关注，因而有待于新的产品开发来调动这一需求。“从1995年开始到今天，我用了六七十部手机，我就在想，我想要一部什么样的手机？能不能做一部属于发烧友自己的手机”，在谈及开发小米手机之初的想法——“我就萌生了一个梦想，想为发烧友做一款手机。”《北京日报》对雷军采访过程中，小米CEO（首席执行官）雷军如是说。之后小米手机应运而生，并在市场上攻城略地，一时为业界惊讶。小米手机的推出很大程度上依

赖用户，尽管没有太多的广告，没有在电视和交通系统中投放广告，甚至渠道也是独立的。品牌在设计中不断从用户体验中收集数据，进行产品改进，因而小米手机品牌与用户关联度更为密切，同时舆论影响、媒体宣传促使大众对品牌的注意力更为集中。尽管在上市之初，小米品牌的手机零售价格较高，但这并不妨碍其逐步扩大并最终占有重要的市场份额。

一个产品可以延续十年甚至几十年持续销售，不被市场淘汰，成为经典产品，而有的产品只在一年中的某个季节经销，快速地出现在市场中，成为市场中的明星。核心产品无论在何种情形出现，总保持着在一定时期内稳定的市场价值。康师傅红烧牛肉面是人们熟悉的产品，是方便面类产品中的畅销品种之一。1992 年研发生产以来，至今有 20 余年的历史，在这 20 余年的历史中，其他类别的产品有的已经黯然退出市场。而这款产品一直保持了稳定的市场占有率。消费者对方便面的消费集中于旅行需求、快捷需求和口味需求方面。以旅行需求来说，为了食用方便而选购方便面，因而对产品的要求是便于携带和食用方便，口感要浓淡适中，这是大多旅行者的消费条件。这一产品包装色彩强烈，红色外观十分容易识别，有很好的货架效果，配合图片调动食欲，更容易被消费者接受和选购。

2.2.2 变革性产品

一个品牌的强力产品总能在市场中制造出焦点。突出的产品是源于品牌动力的需求，如果不制造某种影响力，在市场中那么长时间的温和表现就会削弱品牌形象，品牌动力就会下降，因而从这种态度出发，品牌必然要不断地强调某种创新和变革优势。

乔布斯重新领导苹果公司，看到同时在进行很多个项目，下决心解决问题，砍掉了当时很出名的手写设备——“牛顿”项目。美国著名的传记作家沃尔特·艾萨克森在《乔布斯传》中写到，“如果苹果当时的处境没有那么危险，我（乔布斯）可能会钻进去研究怎么改进它。停掉它，我就解放了一些优秀的工程师，他们可以去开发新的移动设备。最终我们走对了路，做出了 iPhone 和 iPad”，“在一次大型产品战略会议上他（乔布斯）喊道：这真是疯了！他抓起记号笔，走向白板，在上面画了一条横线一条竖线，做成一个方形四格表。‘这是我们需要的，’他继续说。在两列的顶端，他写上‘消费级’和‘专业级’。在两行的标题处，他写上‘台式’和‘便携’。他说，他们的工作就是做四个伟大的产品，每格一个”。这之后，“苹果的工程师和管理人员突然高度集中在四个领域。专业级台式电脑，他们开发出了 Power-MacintoshG3，而专业级便携电脑，开发了 PowerBookG3。消费级台式电脑，后来发展成了 iMac；消费级便携电脑，就是后来的 iBook。”优势加以明确，产品特征更为明显，变革产品体现了品牌需要新的动力，消费者也更轻易地通过这一变革型产品识别和记忆品牌。

变革产品一定做到了对市场、对消费者充分和足够的尊重。韩国食品企业好丽友推出一款名为“薯愿”的非油炸薯片产品，这种产品有一个很好的定义非油炸食品“一种”。这被认为是一种产品优势，是变革性的。众所周知，零售市场上有很多的薯片类小食品，而这种产品通常的制造工艺是油炸，通过油炸制作能保持产品香脆可口。然而，对于休闲食品来说，油炸一直饱受诟病的，这个词语在消费者的消费潜意识中很大程度是负面的，油炸食品被与脂肪、肥胖、疾病等负面词汇联系在一起，成为一个产品劣势。好丽友品牌在这种工艺基础上制造了不需要油炸的薯片产品，成为一种优势，打开了消费者心结（如图 2－6 所示）。为了赢得更多的消费者，在口味上也与其他品牌不同，例如，红酒牛排味、香烤原味、香焗番茄味等，多种口味可供选择。在包装上，包装的盒型采用了棱柱式外形设计，这与大多数同类产品的圆筒形包装能很好地区分开。

图 2－6　非油炸薯片

好丽友薯片产品上市，包装没有采用圆柱形而是多棱柱的外观，非油炸成为新的商品概念，显得与众不同

2.2.3　产品的细节

尊重产品就是尊重消费者，因而，在产品上我们无法轻易地放过任何一个细节。尊重产品的品牌因而才有资格称为优秀的品牌。当提到产品这两个字的时候，同质化这个词也会随之而来。不可否认，同质化正在成为产品销售的天花板。同质化严重地影响了产品的差别化，因而在销售中很难凸显一个具体的品牌出来，因而也无法为消费者提供更多的品牌选择和产品消费依据。“谁更好”在这个时候会成为一个问题。解决这一问题，就要在产品与消费者的关系上寻找突破口。细化消费者需求，依照消费者的具体需求，积极改进产品的某一方面，就为产品安上了能够在市场中飞翔的翅膀，使之跃出同质化的藩篱。

消费者会倾向于选择哪些产品？答案是选择那些更满足消费期望的产品。在产品上，要做到的是注重重要的“指标”，使之更为优秀和突出。例如，空调产品中，最大的问题之一就是耗电问题。“每天只用一度电”是十分有力的宣传，产品做到了这一点，就能够在同类型产品中凸显出来，避免同质化，如果想要买一台空调，这句口号一定会打动消费者。同样的产品中，在传统空调的设计方面，上下导风板局限在出风口内部，扫风叶片太小，导风效果差强人意，这是个同质问题。传统的空调导风板的送风角度在上下 60°范围内，送出的风经常直接对着人，这样容易让人感冒，因而很多人担心被空调风吹到，这正是消费者的期望所在，解决这一问题，就避免了同质化。而空调重要问题之一就是静音问题，众所周知，晚上开空调，对于噪声敏感的人而言，会难以入眠。将空调设计细节加以改观，技术上噪声从 20 分贝降到 18 分贝，静音技术提高了，从而提高了产品的说服力。

那些在近年来逐渐声名鹊起的品牌，往往产品细节上做到更好。小米手机的包装盒使用质量上乘的辛普森牛卡纸，盒子能够承受 300 千克的压力，而苹果产品的耳机在包装上细节完美，耳机绕线盒设计巧妙，更为精致。可以看出，尊重产品就是尊重消费者，好的产品会不放过任何细节，在每一个局部都做到更为出色。

2.2.4　特别化的产品

一些在零售市场中大行其道的产品，总会保持某些特色。那些本身“特别”的产品，因其在市场中没有可比性，故而显得尤为独特，最终被市场和消费者认可，成为一个标准。

这种特别会来自于产品的某个不寻常方面。例如，一些食品类别中有极不寻常的口味，而有些产品则有独特的、显而易见的用途，甚至有些产品有着奇特的手感，等等。这些强烈的识别信息造就了产品的特别之处，通常也会与人们的产品常识和一般性消费经验截然相反，但之所以能够在市场中拥有一席之地，其意义在于，这一识别是无法用同类经验或者指标加以衡量的。

扬米·穆恩在她的《哈佛最受欢迎的营销课》一书中举了这样一个例子。

> “迪克·梅特舒兹（Dietrich Mateschitz）是一位特立独行的奥地利商人，负责把红牛这个品牌推向全球。当他准备把这种混合饮料推广到欧洲市场时，他做了一系列市场测试，想看看消费者对这款外国饮料有什么反应。以下是最初的调研结果：这种新饮料的颜色看起来很淡，根本没有喝它的欲望；喝到嘴里，感觉黏的，很‘恶心’。市场调查公司则得出这样一个结论：‘这是迄今为止最失败的产品。’对这些结果，梅特舒兹会有什么反应呢？他居然说太好了！”①

红牛饮料在中国的零售市场上一直保持着很好的成绩，这种 250 毫升的饮料，一直以来都是功能饮料的代名词。的确，可以肯定的是，这种饮料有一种十分独特的味道。正如扬米·穆恩谈到的，最初尝试红牛饮料的人是十分不适应那种味道的。因而市场调查否定了这一产品的前景。最终人们惊讶于红牛的成功，并试着找出答案。为何古怪的味道却持久的被消费者认可，而成为一种品牌典型。正如我们提及的，品牌想要被消费者接受，尤其是那些本身具有独特属性的产品，这种独特之处应该成为重要的识别要素加以强调和肯定。红牛的识别性记忆（不同于其他产品）在于，这种混合了氨基酸味道的产品起初并没有被市场调查结果认可，而这恰恰是该产品的特别之处。根据传统经验，这会被视为品牌的弱点，但是，这恰恰是特别之处，是能够给人留下记忆的因素。红牛在消费市场上的这一特别的地方，如今也被市场

① 扬米·穆恩（Youngme Moon），斯坦福大学博士，现为哈佛商学院荣誉教授。她所开的营销课程是哈佛最受学生欢迎的课程之一，曾多次获得卓越教学奖。

岁理解，被消费者接受了。相反，如果仅仅从消费者的前期调研中获得数据，并以此为依据作为唯一的市场判断，就不会有今天的红牛品牌（如图2－7所示）。

图2－7 红牛罐装饮料

红牛品牌的品牌形象十分突出，金色罐体和特殊的口味。这一口味十分突出，在初步的调查中显示，这一口味并没有被消费者接受。但逆势而上，红牛因其独特性在市场中成功了

特色需要创新思维，在产品的开发和设计上需要注入想象力。把看似低端的农产品转变为近乎奢侈品，这似乎是天方夜谭。然而，在中东糖果界著名的枣类品牌 Bateel 宣布了一项计划，接受私募基金 L Capital Asia 的投资。Bateel 的总部位于沙特首都利雅得，它所经营的产品以精选的优质枣类搭配各种巧克力、杏仁等著称。主打的产品是巧克力包裹的枣子，枣和巧克力的组合富有想象力。产品经过有想象力的开发展现了极大的品牌价值。这一产品的特别之处在于创新组合。

2.3 消费对象

实施差异化就是要做到与众不同，企业要寻找自己有别于竞争对手的东西。思考要点是，差异化不一定要与产品有关，但要为顾客提供利益点。

——杰克·特劳特

2.3.1 消费群体

拟订出目标消费者是面向市场的每一个商家都要做的功课，这里的目标消费者不是只针对某一个人，或者机械的拟订为某一个年龄、某种工作的人群，而应该被视为一个有品牌针对性的有机的富有活力、有变化和弹性的消费群体。

品牌赢得和占有市场，首要对目标受众进行分析，对市场中的消费者进行分门别类的研究，理解哪些消费者会对品牌产生真正的兴趣。有效受众则是真正有可能对品牌产生兴趣的消费者，这是分析中最为重要的地方。在对消费动机的研究中，品牌需要找到目标消费者的利益所在，这样一来品牌才更容易被接受。例如，在佐餐调味品牌中——老干妈是著名品牌，一直以来这一品牌都代表了市场的典型需求，是众多消费者在日常饮食中的不二选择。老干妈的冠军产品风味豆豉热销多年，在市场中无其他产品能与其抗衡。产品口味上，豆豉属于发酵产品，是复合性口味，恰到好处的豆豉风味则有着丰富和适宜的口感，众多竞争品牌在这个方面达不到老干妈对口感的把握。显然产品有明确的目标受众，他们对辣味情有独钟，老干妈能够给予这样的体验，同时适度的综合性口感，能够让更多的消费者接受。这成为该品牌满足消费者利益的最根本因素。

消费群体分析包括了人数、性别、年龄、职业、经济情况等多个基础维度，可以大致描绘出消费群体的轮廓。对受众的分析过程就反映了品牌对市场的观察和认识水平，也是品牌进一步针对市场做出决策的基础。史玉柱说，最好的营销老师就是消费者，营销行为事实上就是要“了解你销给谁，把目标消费群研究透了”,[①] 脑白金认准了老年消费群体，通过精准的目标人群分析，购买群体事实上是消费人群的儿女，而不是老年人自己。购买群体和使用人群有差异，打通购买和消费间的连接点就成为品牌推广的关键。脑白金以送礼为定位，化解了品牌走向市场的关键障碍，这成为品牌成功的最重要一点。

在市场中，细化研究消费人群是精准定位，达到市场效果的基础。好孩

---

① 史玉柱，富有传奇色彩的企业家。曾经创立巨人集团，也因脑白金保保健品的市场成功而受瞩目。除此之外，参与投资网游、金融等很多著名项目。

子集团创立于1989年，是中国最大的专业从事儿童用品设计、制造和销售的国家级企业集团。在2009年，中国婴儿车市场销售总额近200亿元，相较于全球的消费总量，中国市场当时还是一个巨大的市场空间。彼时，婴儿车已经由婴童中奢侈品演变成为儿童成长过程中的必需品，婴儿车市场的认知完成了从单纯的产品使用到品牌消费的转变。在婴儿车品类中，好孩子品牌认知度超过95%，但与其他竞争品牌相较，仍然处于胶着状态——品牌基本诉求相似。消费者并不能够分清品牌之间的区别。好孩子确定了以舒适作为婴儿车的核心卖点。广告中，通过婴儿选择童车的对比情景，强化了品牌舒适性，品牌识别度提高了，好孩子品牌最终成功地实现了市场优势。

品牌与消费者之间建立良好的关系，判断和思维做出改变，新的视角带动了新的消费动机，引导了新的市场需求。认识清楚谁是真正的消费者，对品牌而言，是重要的推广基础性工作。品牌改变原有思路，品牌立意创新，以及重新思考品牌定位，明确在市场中扮演的角色，能够带动新的消费认识。起初，王老吉品牌只是地方性品牌，而产品也给人以地方产品的印象。产品属性上，地域思维和生活习惯，显然很难为全国更多的普通消费者所接受。想要打开新的局面，就要找到新的视角，确立新的观点。王老吉确立的“怕上火”的主题，具有了新的视角，重构了品牌与消费者之间的关系，以普遍性代替了区域性，以消费共识代替了区域文化认识。推广上针对怕上火的主题，因而突出强调了消费者的上火问题，典型问题如熬夜、饮食辛辣等，产品则专著上火的解决之道，后期在市场上获得了很好的反馈，消费人群从局部地域扩展到全国。

2.3.2 忠实消费者和潜在消费者

“因为我们是和普通人做买卖，所以服务或产品必须贴近生活。我一直对员工强调，在经营中不是为顾客着想，而是站在顾客的立场上思考。虽然这两个概念大同小异，为顾客着想终究是以卖方的立场为前提的，脱离了消费者的普通生活；而站在顾客立场上思考则跳出了工作和经验的框架，找到了贴近生活的角度。”7－11便利店创始人铃木敏文这样说道。

品牌注重忠实消费者，他们是品牌的固定客户，对品牌有一如既往的好印象，保持了对品牌的美誉评价，与品牌有很好的互动，但却可能并非是最重要的消费生力军。而在市场中，潜在客户往往代表了一种新的消费力量。

对忠实消费者和潜在的消费人群同样要有深入的理解。通俗地说，持续地认可和购买某一品牌商品，这样的消费者是该品牌忠实的顾客。当然，如果一个消费者购买某一品牌商品的频率并不很高，但是却对该品牌抱有十足的信赖，对品牌持有很高的美誉评价，这样的消费者对品牌而言也是忠实的。

同样，我们也不应该忽略另一个方面，那就是品牌的潜在用户，随着时代变化，消费者的收入和消费心理变化，新的消费群体出现，品牌的用户群会发生变化，因而出现了潜在的用户群，他们可能成为新的忠实消费者。因此，在谈到忠实消费者的问题时，需要针对不同的品牌境遇进行分析，同时更加注重用户群的变化，以动态眼光看待。

在文森特·巴斯汀和让·诺埃尔·卡普费雷（Vincent Bastien，Jean – Noel Kapferer）所著的《奢侈品战略》一书中，对忠实客户和低频消费客户进行了分析。

> “到 2000 年，奢侈品市场爱全球范围内的增长，动力是我们所说的低频客户（也称初级客户），这些客户并不十分富裕，但在社会文化方面十分现代，偶尔会购买奢侈品，为了放纵一下自己，或者是为了纪念某个人和某个时刻。今天，情况却并非如此。奢侈品市场的主体是高频购买者。”
>
> “西方中产阶级已经在为自己的财产担忧，缺乏乐观心态，认为财产的增加不一定会使人幸福。他们担心孩子以后的生活会不如自己，这就克制了他们偶尔购买奢侈品的欲望。西方人比中国人富裕十倍，但是他们的收入是停滞的。随着房地产、能源、服务、医疗等费用不断攀升，他们购买更加谨慎。因此，他们呢觉得自己很穷。相比之下，中国年轻人看到自己收入在不断增加，心态更为乐观，觉得自己很富有。栽种故宫，新阶层在经济方面的发展没有阻碍。而印度则不同，种性制度使得通过致富爬上更高社会阶层变得困难。因此，印度的奢侈品市场远远不如中国有活力。”
>
> “值得注意的是，构成奢侈品市场主体的富有客户（占人口的 20%）却保持着乐观心态。RISC（精简指令计算机）的调查显示，他们甚至同中产阶级的差距越来越大，因为中产阶级会担心未来反而想不富裕的类别靠拢。自 2001 年以来，这种市场的两极分化趋势越来越明显。中产阶级野心仍在，但对未来的风险忧心忡忡，由此导致了‘平价奢侈’的诞

生。这一新词指的是奢侈品品牌覆盖低价商品。人们对平价奢侈的需求众所周知，此时产品以中档商品的形象出现，以满足这一需求。而传统的中档产品则被抛弃了，取而代之的要么是便宜得多的低成本商品，要么是形象更好质量更优的商品。”①

品牌消费随时会面临新的消费群体加入进来，也会面临忠实顾客的流失，这表现在零售中消费市场的动态变化上，现在已经很难用静止不动的认识去分析市场状况了。市场正处于动态变化中，消费者呈现出趋势性的特征，判断目标人群不再是简单的事情。

忠实消费者已经不再是一个不变的概念，它的全部意义在于不断变化的经济条件、消费意识和消费文化背景，当然也包括媒体和舆论的消费引导，以及与此相关的消费心理变化。因而，现在很难用一种单一的假定去描述品牌的忠实顾客在哪里。相反，随着消费层次和消费心理的变化，人们越来越倾向于改变自己的消费习惯，选择新的被认为有价值的消费目标，因而随时要保持新的市场感觉，明确即将发生的消费趋向。

在商品购买行为中，消费者购买了商品，对此产生好感，经过长期与品牌之间的互动，逐渐认同这个品牌，因而，就会在之后的消费过程中首选这个品牌，这个品牌也会出现在个人、家庭等相关购买主体的采购清单上。忠实的消费者建立了对品牌的好感，之后这种好感逐渐加深，进而认可品牌价值和理念。例如，苹果品牌的出色源于产品，从成功推出大储存量的音乐播放器之后，这个品牌就成为消费电子市场上的佼佼者。如今，iPhone 手机和苹果系列产品已经成为大众热衷的消费电子产品，是消费电子市场中的首选品牌。多数人们热衷苹果品牌从一个特定产品开始，逐渐扩大到对全产品线的认可，从购买一件产品到认可品牌理念，最终消费者成为品牌的坚定拥护者。

---

① 《奢侈品战略》，Vincent Bastien，Jean - Noel Kapferer 合著。Vincent Bastien 是奢侈品行业经验最丰富的资深管理者，在过去的 25 年里，他一直在首席执行官/总经理的位置上任职，包括奢侈品行业——在 LV 担任总经理 6 年，赛诺菲集团（Sanofi）美妆部门的总经理 3 年（管理的品牌包括圣罗兰、NinaRicci、Yves Rocher 和 Sanofi Beauté），及 B2B 行业（玻璃制品和印刷业）。同期，他也管理自己的成衣公司。目前在巴黎高等商学院担任客座教授，教授奢侈品战略。Jean - Noel Kapferer，品牌管理领域的最著名的专家。Kapferer 在巴黎高等商学院（HEC）欧洲奢侈品研究中心任教。在咨询领域，他为许多大品牌提供咨询服务，担任董事和顾问。

在市场中，任何一个品牌想要拥有更多的消费者，使潜在的顾客成为忠实的顾客，这就要从消费者的角度思考问题，保持与这一群体一致性的思维和相同的利益出发点。小米手机在开发过程中，通过让那些积极和有主见的消费者参与产品的开发，进而获得最初的忠实顾客。品牌的忠实受众是品牌在不断地与消费者交流过程中培育的结果，在长期的品牌互动中，消费者对品牌产生深入的了解，进而形成信赖感和对品牌持久的支持。最初的消费者是对技术更感兴趣，对新事物更为敏感的年轻人，而随着品牌规模和影响力扩大，消费人群发展到大众消费者。

2.3.3 赢得消费者

品牌的市场价值在于消费者。

马歇尔·菲尔德[①]在19世纪中期提出了重视消费者的著名见解——“顾客是上帝”（customer first）。这句话成为在之后若干年的市场上经典语句。消费者是购买者，同时也是品牌服务的对象。

如何赢得消费者，在这一问题的解答过程中，提供针对性的细节服务，为消费者提供便利，是品牌应该做到的。这无论在马歇尔百货成立的那个时候，还是在当前的互联网浪潮下，都具有重要意义。

山姆会员商店是沃尔玛的一种会员制仓储式经营模式，其宽敞舒适的购物环境，为商业会员和个人会员提供优质优价的商品和一流的服务。顾客支付每年一定的会费成为山姆会员方可在其店内购物。该品牌认为，由于顾客是付费进行消费的，他们对山姆品牌的需求会更高，所以一定要满足他们的需求，才能保持顾客的忠诚度。山姆的做法是先采取收取会费的方式，这一点保障了忠实顾客的前期筛选，这就会使优质顾客加入进来，而普通顾客则会选择其他方式购物。针对优质顾客资源，品牌更容易给予针对性的品牌需求和服务。

在互联网时代，有些例子也足以给零售市场带来启发。“我们认为硬件只是一个运行服务的平台。我们不指望硬件上赚钱，我们希望购买我们硬件产品的用户使用我们的服务，也就是这些服务最终带来了营收。”照片分享应用

---

① 马歇尔·菲尔德（Marshall Field，1834—1906年）创立马歇尔百货公司，他提出了“顾客就是上帝”的经营理念。

Instagram（一款图片分享应用）——一家十三个人创立的公司，他们专注做图片分享应用和社交。2012 年 7 月的数据显示，Instagram 的注册用户数已突破 8000 万，这个数据距离该网站用户数突破 5000 万用户仅仅不到 3 个月。这意味着平均 Instagram 的每月用户数增长超过 1000 万。Facebook（脸谱网）则花费了 10 亿美元用以收购它。Instagram 不是手机应用中唯一的一个照片分享的 App，我们同时也十分清楚与它相似的应用不在少数，那么是什么让 Instagram 这家创立时间并不长的品牌在短短几年内价值 10 亿美元？Instagram 的与众不同之处在于，它有众多的拥护者，它的分享照片功能更为便利和实用，它能让简单拍摄的照片表现出完美的视觉效果，这一切不需要专业技术，而是点击几个按钮即可。对于多数照片拍摄者来说，即便不会使用专业的图像处理软件，也没有太大关系。Instagram 为消费者提供了十几种简便易用的照片滤镜效果，轻松简便的操作帮助美化你的照片。应用上，简单的分享设置和卓越的体验感，使之积累了大量的好评，这就赢得了消费者的信赖。在用户至上的当今时代，这本身就是品牌价值更好的注解。

最终赢得消费者的一定是出类拔萃的品牌。在全球范围内，除了苹果的 iPad 之外，其他的平板电脑果真是很糟糕吗？显然不是这样。市面上并不乏有一定优势的相关产品，不过在众多的平板电脑中，iPad 这一产品无疑具有更好的整体体验感，这是品牌综合性优势的体现。无论从产品的设计表现和细节使用上，苹果的平板产品都是更为突出的，它赢得了消费者。

要赢得消费者信赖，就要注重产品的服务意识。这种意识是经过细致深入的分析，从服务消费者的角度出发的，无论是在产品开发和销售上都反映得更为具体。在传统住宅的研究中发现，住宅热量散失中有 30% 多是通过门窗传热损失掉的。因而，门窗的低传热性和高密封性对节能对住宅来说很重要。塑钢门窗解决了门窗的导热问题，由当时的西德研制开发了塑钢门窗，并在 1959 年生产。20 世纪 70 年代节能效果好的塑钢门窗大量被消费者认可，带动了欧洲乃至亚洲塑钢门窗的发展。

赢得消费者从消费者切身的使用和利益出发，为消费者服务。在细节上，德国的窗户是向内拉开的。这样，窗户向内拉开时，擦玻璃会更为方便。假如窗户向外开的话，人们就必须将胳膊伸出窗外擦玻璃，甚至将身体探出窗外，才能擦到离我们较远的那部分窗户。这对高层住宅的居民来说是有危险的。因而，向内开的窗户更体现了服务意识，因而也更容易赢得消费者。

发现新市场，满足新的消费需求，更容易赢得新消费阶层认可。沃尔玛是世界零售业巨头，是著名的“世界500强”公司，以掌握市场和满足顾客需求著称。随着实体零售市场面临电商竞争，这种情形下，沃尔玛是否能够继续快速增长，饱受质疑。在2014年年底，这家巨头零售商在中国大城市逐渐扩展品牌势力。在云南，沃尔玛不断扩大自己的规模，云南的门店数量达到22家。这一数字甚至超过了其在北京、上海的门店数量。沃尔玛中国区总裁兼首席执行官柯俊贤（Sean Clarke）认为，新兴市场潜力巨大，城市崛起将为实体零售带来新机遇。沃尔玛加大了新区域的投入，希望能够赶上消费升级的浪潮。沃尔玛大卖场正在加速在这些城市的选址开店，以服务由于城镇化产生的大量新顾客群体。依赖于经济新兴城市的发展，城市基础设施进一步完善，因而在大型城市中涌入了更多的新人口，这一人群需要与以往不同的购物体验，在城市生活中建立的消费需求。沃尔玛快速进入这些城市，提供了优质便利的服务。

2.4 文化差别

在我眼中，汽车、阿司匹林、尿不湿等，都是文化物品，而我只是把市场营销看作文化运用和理解文化物品的方式。

——马丁戈·德法布

2.4.1 品牌与文化

“文化使人类区别于其他物种，语言、符号、工具都是我们用来传递信息和经验的工具。所有文化都涉及信息和经验，我们都是文化生物，是特定文化中的一分子。我们使用文化、发展文化、促进文化、参与文化。”在《认同力——超越品牌的秘密》一书中，作者如是说①。

在购买商品的行为中，人们对于产品的选择是从自身感受出发的，选择自己感兴趣和需要的物品，这是需求和使用因素影响的结果。对某个产品需求的深层的因素是，这种感受源于品牌传递出的文化，消费者结合自身的文

---

① 马丁戈·德法布，市场营销专家，与霍华德·阿斯特合著《认同力——超越品牌的秘密》。

化见解与这一品牌的文化内涵形成某种契合。从某种意义上说，品牌文化与消费文化彼此存在一致性。

通常而言，零售市场中的产品具有更多的物品特征，也就是说，消费者面对的是一个个显而易见的形状，以及具体的物品重量，或者是口感、气味等。消费者购买的是物品的使用价值。作为品牌，并不止于物品特征，品牌销售给顾客的时候，不仅是满足消费者对物的使用需求，也同时意味着满足消费者更多的附加价值需求，包括精神需求。也就是说，不能够只售出使用价值，而不顾及消费者的心理满足。在市场中，每一个得到消费者认可的品牌，除了表现十分突出的使用价值外，拥有明显的文化价值，消费者消费的，也是来自商品的文化。

品牌的使用需求在广义上包括了方便、快捷、舒适性、合理性等方面，这些都集中于产品的设计、制作和工艺诸方面，文化则是价值的无形部分。全世界范围内，轿车在销售中都会宣称技术安全，也会保证达到安全技术标准。这是从使用上描述的。不过，当问及轿车品牌与轿车安全文化时，人们首先想到的一定是一个品牌——沃尔沃。在消费者心目中，这个不断“滚动向前”① 的品牌与汽车安全文化表达了同一个意思。尽管在汽车工业的长足的发展中，安全早已是轿车的必要条件，而不是一个奢侈概念，并且安全和相关技术成为轿车设计和制造中的一项必不可少的产品要素，但是安全作为文化的一个组成部分则是沃尔沃品牌重要的价值所在。在长期的品牌经营和对外传播过程中，沃尔沃将安全理念融合在自己的品牌精神中，沉淀为一种典型的品牌文化。

深入的品牌文化在品牌的思考和行为方式上有具体体现。品牌文化不是空谈，真正的品牌文化会融入品牌细节中，成为产品的一个部分。在沃尔沃汽车企业内部，有一个有名的“鼻子团队”。这个特殊的队伍由八位经过专门挑选的人士组成，他们为设计人员提供选择材料与生产工艺的指导意见。这些意见将会被采纳，其中汽车内部的装饰材料，要经过这个特殊的队伍严格的检查和筛选。经过严格的检验，最终确保轿车内部环境的健康和环保。沃尔沃的新车内饰材料会在模拟日光的环境下检测，车内温度通常会达到65℃，然后团队会使用分析设备测量轿车内部的 TVOC 水平（总挥发性有机物）和

① 沃尔沃在拉丁语中有“滚动向前”的意思。

醛含量。在制造过程中的这些细节，无疑都浸染了沃尔沃的文化，而购买沃尔沃也是在购买来自品牌的文化。

从的购买行为中可以验证这一点，在零售货架上，人们会注意进行比较，如商品的价格、重量、图案、色彩等，以判断是否值得购买。在需要做出重要选择的购买上，决定性的因素往往是品牌的影响力，这是与品牌文化有密切关系的。品牌的影响力是品牌文化的折射，这种影响最终投射在消费者的心目中。华为品牌越来越受到消费者关注，华为正在通过推出更多的中高端手机产品占领市场。在激烈的竞争中，这些产品并没有因为价格而受到市场冷落。新的设计更加时尚现代，产品品质更出色。任正非谈及华为的企业文化时讲道："资源是会枯竭的，唯有文化才会生生不息。一切工业产品都是人类智慧创造的，华为没有可以依存的自然资源，唯有在人的头脑中挖掘。华为公司受人尊重，因为它不断颠覆和超越自我的理性和勇气。"华为之所以得到市场认可，其在市场中的竞争力是品牌文化。

2.4.2 品牌文化的价值

市场条件下的品牌生存处境是不进则退的，不争取更有利的市场地位，就会被其他品牌围剿，市场遭到蚕食，品牌需要面对的是应对竞争和挑战的问题。在市场中品牌应对不同情形，表现并不相同，策略的实施是多种多样的。品牌策略的这种差别，从表象上是对市场做出的直观反映，而根源则来自品牌内在的持久性意识，与品牌文化息息相关。

品牌文化影响下的品牌思维是持久的、坚实的，这种持久的意识扩散到市场环境中，因而形成了对市场的不同看法，有不同的应对手段，在对消费者的认识上也并不一致。在本土酒类品牌中，典型品牌如贵州茅台，其品牌文化定义为"酿造高品位的生活"①。这反映了茅台品牌的自我价值认知，随之而来，品牌将这种文化也融合在市场策略上。除了以往的零售渠道，品牌也设立了独立的高档专卖店。消费者方面，依旧保持了对茅台品牌的长期认识，认为茅台品牌是国内白酒的高端品牌代表。普通消费者会下意识地以为，品牌适合出现在高档宴会和重要节日活动中。而如今茅台品牌提出的亲民路线，就要重新审视和定义新的文化，确定如何在市场中输出这种文化。

---

① "酿造高品位的生活"是茅台酒企业文化内容之一。

在品牌持续成长的过程中，品牌与消费者深入接触，消费者从对产品的初步好感逐渐转移到对品牌的深度体验上，文化成为与消费者深度沟通的重要内容。优秀的品牌在文化方面有独到之处，而这种文化成为了消费者判断品牌的标准。速写是一个服饰品牌，它的历史并不很长，但已经在很多城市开设了专卖店。速写品牌的态度是“这样也可以……”可以理解速写的品牌文化是温和的，带来一种可能性，不是激进的，但有主张。品牌目标群是25～35岁的男性，认为消费群体的特点在于追求新观点，希望从各种不同的角度去理解和认识这个世界，以及对生活品质及个人感受高度重视。品牌文化主张的多元价值影响策略和设计，成为品牌策略和品牌行为的指针。

3 制定品牌策略

我常常幻想未来的景象，梦想自己可能会成为的角色，或许是诗人、预言者、画家，等等。然而这些都不算什么。我存在的意义并不是为了写诗，预言或作画，任何人生存的意义都不应是这些。这些只是旁枝末节。对每个人而言，真正的职责只有一个：找到自我。无论他的归宿是诗人还是疯子，是先知还是罪犯——这些其实和他无关，毫不重要。他的职责只是找到自己的命运——而不是他人的命运——然后在心中坚守其一生，全心全意，永不停息。所有其他的路都是不完整的，是人的逃避方式，是对大众理想的懦弱回归，是随波逐流，是对内心的恐惧。

——黑塞《德米安》

3.1 认识市场背景

3.1.1 品牌的成长背景

欧洲央行宣布推行量化宽松，欧元汇率持续下挫，1 欧元兑换 1.0685 美元（时值）。欧元看起来真的更加便宜了。对于欧元区真正有头脑的商家来说，从这样的金融政策中可以嗅出消费环境的变化。欧元汇率的下跌使得人们前往欧洲旅游成本大大地降低了，因此欧元区的国家吸引了世界各地的游客，这显然促进了当地的零售业发展。在众多的游客当中，美国人前往欧洲旅游的热情最高。与同期相比，欧元兑美元汇率已贬值了大概 25%。外部环境的变化改变了人们消费的意愿和消费方向。

一个品牌，现在有较以往更多的问题需要面对和解决，因为市场环境变得更为复杂了。互联网正在成为趋势，而在十年前，它可能还是很多人眼中的一个产业，仅仅是一个领域中，现在这种情况发生了根本性的变化，移动互联网进入到几乎所有人都生活中，更极大的触及了零售业。中华全国商业信息中心发布的数据显示，2015 年前两个月，全国百家重点大型零售企业零售额累计下降了 1%，增速比上年同期下降了 2.5 个百分点。这是 2011 年以来开局的最低增速。当然，电商平台也存在某些问题，例如，渠道下沉和物流配送是一个不得不面对的大问题，尤其对于生鲜产品，以及物流配送的高峰时期投递速度下降的问题。这些方面也需要不断改进和解决。

品牌遵循便利条件，在有利环境中成长。当外部条件逐渐成熟，品牌获得了更多的便利因素，内部成长机制就会启动。例如，现在，家庭消费中对婴幼儿服饰越来越重视。这取决于整个市场的变化。在零售市场中，差别化的需求促使一些目标明确的品牌快速成长，婴幼儿服饰的差别化显然已经不能够满足需求，家庭中因经济条件和个性化需求的差别，这一类型的服饰需要被提出来，其中高端婴幼儿服饰会越来越多地被作为馈赠礼品和高端顾客需要，例如，高端童装品牌 Caramel Baby & Child，一件派对小礼服的标价英国售价高达 250 英镑，然而在 3 年间这个品牌的销售却增长了 20%。另外，一些更为细分的产品需求有待释放。如婴童类体育休闲服饰，这一类型的需求是随着倡导健康生活方式而出现的，因而运动童装也成时尚品类中的一员，成为相关品牌发展的契入点。

鸟瞰全局的品牌观可以使品牌认清自己所处的位置，认识整个品牌生态的发展和变化，了解与品牌相关的外部关联因素，通过理解上下游品牌之间的协作性和共生特点，帮助品牌时刻保持对市场的敏感，做出正确判断。

3.1.2 购物观念和市场判断

> “当等到财务数字显示出下降时再行动就太晚了。因为数据只是对过去的反映，不要用现在的财务表现来衡量你未来是否会健康地存在。现在的产品市场会慢慢成熟。如果等到财务数据表现出来证明需要创新商业模式时，很可能就已经没有时间了。”
>
> ——克莱顿·克里斯坦森

在品牌制定策略过程中，首要的问题恐怕就是认清目前的趋势。任何趋势认识，都不应是事后才发现的，而应该是恰逢其时，在制订策略中就意识到的，是策略制定的前提。

零售品牌要研究消费趋势，认清未来的消费发展方向，在恰当的时间做出正确的判断。

在如今的消费思潮中，一些传统消费观念正逐步改变，新的消费观念得以确立。认清长期趋势性变化，对品牌长远战略是有益的。在不同的领域中，消费趋势都在发生变化，这主要源于消费层次的活跃和重新划分，消费者对产品品质和品牌的需求较之以往更加明确，不同的消费者群体出现分化和重新集合。家庭收入的增加和对未来生活的积极乐观，促使部分消费者对零售商品的标准有更多的期待。部分消费者消费意识改变，从原有的消费群体中脱离出来。

在食品领域，人们对食品问题的关注度比以前更加具体和深入了。健康食品的观念已经确立，消费者在任何与食品有关的细节问题上都会追究原委。这就促使健康有机商品得到发展，成为零售供给的新动力。美国市场上，麦当劳宣布了一项决定，逐步停止采购在饲养过程中使用了某些人类抗生素的鸡肉产品。这项计划将在美国的 1.4 万家餐厅实施。未来的健康饮食趋势逐渐形成，影响品牌决策。

在零售市场中，支付方式也已经出现了新的趋势，这也是应该引起关注的。Apple Pay 在推广自身的产品时，使用的广告语是“取代钱包”，这代表了互联网支付的趋势性。这也将引导零售市场的未来，在销售和购买上产生新的行为变革。现在这种举措已经近在眼前，人们使用移动支付越来越频繁，移动支付成为重要的付费方式。微信支付、支付宝支付都已经十分成熟，面对传统零售中现金支付和信用卡支付，新的支付方式势必会影响零售业。

了解趋势，找到品牌策略的方向，符合潮流，而不是逆势而为。认识趋势和发现趋势，意识到这种趋势变化正在以某种方式改变着现有观念，对与消费者关系密切的零售品牌而言，尤为重要。如今，线下购物正在面临严重的考验，媒体舆论一致认为实体购物场所在面临销售寒冬。意识到消费趋势和市场变化，尽快改变策略，品牌能够获得更强的适应性，在快速变化的市场中生存下来。每克拉美成立于 2010 年 1 月，面向消费者销售钻石。它的销售是全渠道的，通过网络与实体联合的运营模式，这使得品牌获得了快速的成长。

成立于2003年的汽车品牌特斯拉，以生产电动汽车闻名，是世界上第一个采用锂离子电池的电动车品牌。客户群是有环保意识的高收入群体和部分社会名流。从布拉德·皮特、乔治·布鲁尼到谷歌创始人，特斯拉的客户单简直就是一张全球明星和企业家名单。新型品牌代表了新的消费趋势，其背后是随时加入的具有新思想、新观念的消费者群体。在时代进步过程中，一个消费群体从原有的消费结构中脱离出来，他们逐渐壮大，拥有新的购买观念，不同于传统的消费意识，共同的消费观使他们重新集结，成为新的消费阶层。

品牌时代已经到来，与之前不同的是，它不再局限于解决基本生活保障方面的吃饱穿暖问题，品牌时代面对的是对消费者的深层认知和购买观念。在经济有所保障的情况下，消费意识更加明确，在购买水平上，人们相比以往愿意有所投入。从整体上，这是由宏观经济趋势决定的，经济发展向上，人们就更加乐观地看待未来，能够积极地面对工作和生活前景。因而，在消费态度上不在偏向于保守，比以往花费得更多，从谨慎型的消费态度逐渐转变为乐观型消费态度。

品牌需求的时代，必然看到市场的深刻变化，做出正确判断。单纯依赖价格优势的产品越来越难以保全，降低成本是竞争的主要手段，然而这种竞争力的底线已经变化，边际成本逐步抬高，这使得价格优势只有少数整合上下游资源的零售大企业能够实现，而很难被多数企业所掌控，这些企业难以为继。消费者已经发生变化，在价格问题之上，会更加关注综合性的购买优势。品牌树立起来的信誉会影响和吸引更多的消费者，这些方面包括了品牌的设计、服务、策略等方面。因而，在品牌时代，优秀的品牌会在品牌的设计、服务上做到更好，在品牌策略和定位上更具有针对性。

消费群体的划分曾经是机械而又简单的，人们都具有较为普遍一致的消费意识和消费思维，大家在消费观念上基本类似，购买产品方面也是趋同的，很少有人通过特立独行的消费方式，将自己与其他人区别开来。人们的购物水平和消费理念基本上被约定在一个较为统一的框架下，没有太多可能出现突破性的消费尝试。随着社会的深度变革，经济水平在发生变化，消费层次逐渐区分。消费者不再简单地分为富人和穷人两大类，而是产生了消费层次的细化，中产阶层的壮大促使消费市场发生变化。

面对这种变化趋势，零售商品需要有更加明确的品牌价值和理念，这样才有助于消费者理解和接受。现在，消费者似乎走在了前面，例如，赴日游客在旅游同时零售店大量购买商品，将电器、日用品、化妆品、保健品等带回国内，购买力之强以至于当地零售商措手不及。本土生产商和销售商惊讶这种情形，不过这一情况似乎应该在此之前就能够有所预见，尽早地意识到问题。现在则要正视这种看似突如其来的消费浪潮。在欧洲，有品牌影响力的婴幼儿配方奶粉成为中国顾客争相购买的商品，而本土品牌的价值和理念需要及时赶上，显然判断滞后了。

消费趋势一旦形成，将会席卷而来，在这个时候没有做好准备的企业就难以站在市场的潮头浪尖上。消费者在寻求性价比的过程中，无法在一定区域内寻找到合适的品牌，就会从更大范围的零售市场中选择品牌。有远见的经营者正在逐步探索如何让自己的品牌表现得更好，树立值得信赖的品牌理念，满足消费需求。

3.2 实施与应对

3.2.1 品牌策略的实施

策略是一种有意识的品牌行为。需求和市场总是相生相伴，因而产生了消费和品牌的多种可能性。只要这种可能性不断成熟，对应的市场就会成长起来。聪明的品牌经营者们认识到市场变化带来的商机，及时捕捉消费新动向，有意识的推出新产品，提供新的服务模式，通过制定新的定位来确立品牌，以满足消费者的需求变化。

品牌策略要考虑市场的承受力。让我们回顾一下首饰品牌 Pandora（潘多拉）在经历了策略失误后的品牌策略转变。首饰品牌 Pandora 在营销上完成了“U”形反转。在 2011 年下半年的时候，Pandora 出于对市场的乐观判断，从营销上做出了改变，在当时提高了自己的产品价格水平（如图 3 - 1 所示）。当年市场的反馈是负面的，其收入预期下降了 30%。先前的提价行为被证明是盲目和不符合市场要求的。制定该项策略的意图是，将品牌逐渐向奢侈品市场靠拢。而回过头来再看，这种行为却导致了固有的顾客群流失。很显然，人们并没有按品牌预计的那样改变自己的消费认识。更多的人仍然认为这个品牌的价值已经偏离了正常的消费期望，产品价格定得过高。当时市场背景并不乐观，欧洲经济并未回暖，不景气的销售使这一市场决策难免失误。定位于廉价首饰和高档珠宝之间的Pandora，在销售上很容易被消费者从紧缩的消费清单上首先舍弃掉，中产阶级目标群体在紧缩开支，直接打击了那些非必需消费品和模棱两可的需求。在经过管理层调整后，Pandora重新回到亲民的轻奢产品销售定位。之后公司更宣布了与迪士尼达成合作协议，将迪士尼经典动画形象加入到珠宝设计当中。

PANDORA

图3－1 首饰品牌Pandora

首饰品牌Pandora曾经制定了靠拢奢侈品的品牌策略，但市场给予了否定的评价，Pandora通过改变策略扭转了不利局面

这给我们的启发是，品牌定位要根据市场条件，若执行过程中遇到问题，及时地修正才有可能解决问题。品牌在制定策略上，并非一开始就完全正确，市场反馈信息表示这一决策错误，唯一要做到的就是及时进行调整。正确的策略不会自己找上门，只有对市场怀有谦虚的态度，品牌才有可能成功。

不当的策略会持久影响品牌，如果不能够做出有意识的调整，就只有退出市场。并非只有小规模的区域性品牌在策略中受挫，全球企业也会有各种问题。如果不够重视策略实施的具体情况，没有哪个品牌能够独善其身。美国化妆品巨头露华浓宣布了裁员，并决定退出中国市场。这对在中国市场的全球品牌来说是一个提醒。撤离中国市场，露华浓认为这能为品牌每年节约大概1100万美元的成本。从区域市场上看，该品牌除在美国市场有小幅增长外，亚太等地区均表现不佳。亚太地区是其第二大销售市场，但衰退幅度却最大，中国市场甚至出现负增长。露华浓品牌方面将这种衰退的原因归于中国经济增长放缓所导致的消费下滑。除了这一点，或许存在另外的原因，在实际的消费调查中发现，如果向消费者提及露华浓品牌，并说出它的特点，恐怕并不会有多少人能简明扼要地讲清楚，这就是一个策略问题。模糊的品牌形象和市场策略亟须调整。

耐克是全球耳熟能详的运动品牌，现在它仍然是首屈一指的运动品牌冠军。在已经发布的销售业绩中，耐克仍然高居榜首。耐克正致力于建立一个自身的品牌生态系统，这是符合消费潮流和趋势的。耐克品牌拥有大量优质

的代言人，耐克不断和众多的重量级的运动明星签订合约，让他们为品牌代言。品牌结合最新科技，研究的高附加值运动产品，形成一个完善的产品体系，有助于品牌始终在消费者那里保持良好印象。品牌形象不显陈旧，以运动和体育精神为核心的市场营销不失时机地把握时代趋势，结合互联网、社交分享软件，使品牌与运动结合得更为紧密，成为一种生活方式。

品牌在产品方面保持先进，产品本身应具有较强的优势。在这方面，如设计优势、技术优势等，出众的产品技术和设计都具有品牌竞争力。优衣库的 HEATTECH（自发热）内衣，被称为“第二层肌肤”。以往人们在冬季会穿着厚重的保暖衣物，行动也会随之不方便，HEATTECH 保暖内衣改变这种认识，技术上融合了新的纤维技术和编制方法，可以使轻薄感和内衣保暖性融合得更好，在穿着上更加温暖，又不会显得十分臃肿。技术上实现了吸湿、发热的功能，得益于采用经过特殊研制的高科技超细纤维材料，这种纤维的直径只有头发丝的十分之一。技术优势帮助品牌在进化中取胜，成为品牌获得市场青睐的保障。

3.2.2 大事件

消费者和品牌之间需要增进交流，围绕事件，消费者和品牌会产生多层次的沟通。在这一过程中，事件成为一种交流的契机。因为某些事件的发生，消费者对品牌会产生新的看法，既有可能是对品牌进一步加深印象，也有可能会改变对品牌的原有认识。

品牌要吸引消费者目光，因而会通过事件引起社会关注，我们也可称其为主动性的品牌事件。这么做的目的对品牌而言是显而易见的，品牌会受到关注，事件起到了品牌广告的作用。当然，任何为制造眼球效应而过度依赖事件的品牌，都在无形中透支品牌信誉。

主动性的制造事件，具有号召性，吸引了消费者关注，注重消费者的参与度。欧美零售市场，圣诞节大采购被称为“黑色星期五”，在这一天，商场都会推出大量的打折和优惠活动，在年底前进行最后一次大规模的促销。国内的“双十一”促销是零售业的主动行为，现在已经成为轰动性的品牌促销大事件，在每年的 11 月中旬这一段时间前后，都会成为零售销售高潮。商家联合制造的促销事件引爆了零售市场，在这个节日般的事件中，消费者受到前期的广告攻势影响，消费预期和心理目标改变了，更多的消费需求被快速激发出来。为了在这样一个消费节日中获得心仪的商品，消费者提前将中意的商品放在网上的购物车中，等待打折时点的到来。

我们也需要了解事件性的另一个方面——事件的突发性。这显然不是预期的，但对品牌而言，它会产生影响。庆丰包子铺是北京著名餐饮连锁老字号，一直以来这家老字号都有较好的口碑。对这个品牌而言，国家主席习近平到庆丰包子分店就餐成为了一个突发事件，引发了媒体的高度关注。在媒介的传播和网络舆论助推下，庆丰品牌和产品得到了空前的关注。在此之后，庆丰包子店甚至成为一个备受瞩目的旅游景点。在事件之后的“十一”黄金周期间，小小的餐厅引来了大量的游客光顾，人们竞相参观留影，同时店面的销售额明显上升。店内，猪肉大葱馅的包子和炒肝两种食品成为最畅销的产品，销量是之前的四倍之多，整体店面的日营业额增长 50% 以上。这一突然情形的出现，对品牌来说是个巨大的营销利好事件。

3.2.3 不良事件与问题

不良事件会冲击品牌，而缺乏应对方式则是品牌真正的危机。一些影响严重的负面事件爆发，触及了品牌生存的根本，品牌价值受到打击。这也被认为是品牌经营中最棘手的问题。

在品牌面对生存危机的情势下，致命问题会使品牌被市场淘汰，品牌因而轰然倒下。三鹿品牌曾是市场中的佼佼者，企业扩张过快，加之产品监管和行业自律不够，当时的三鹿品牌忽视了产品的生产流程及质量监管，爆发了三鹿奶粉事件。不合格奶粉导致许多婴幼儿身体受到严重伤害，成为一个惨痛的社会事件，这一事件使三鹿品牌受到毁灭性的打击，同时也波及了零售市场，使奶粉销售在很长时间里萎靡不振。

在不良事件的负面影响下，作为有密切关系的品牌，也会受到波及。2014 年 7 月爆发了福喜事件，事件起因是上海福喜食品公司使用过期食品原料给零售商。这家企业为麦当劳和肯德基两大品牌的中国分店提供各类肉品，因而这一负面事件在零售市场上形成连锁反应。事件曝光后，麦当劳和肯德基都宣布停止使用这家公司的肉品原料，致使两家公司一度在很多地方的门店被迫临时取消了一些主要品种供应，品牌也因而受损。

对待不良事件，无论这是由一个产品引发，还是由相关行为导致，品牌都不应该回避问题，而应从消费者的权益角度出发，消费者需要有更加充分的知情权。不良事件的发生，对品牌而言一定是严肃的教训，品牌形象势必受损，但是试图将之与品牌进行简单的剥离，这无论如何都是无法实现的。例如，在零售市场中，这种情形多会波及消费，出现在品牌的价格误导、产品使用说明纠纷、质量问题等方面。将问题调查清楚，给消费者更清晰的答案是唯一的选择，这表明了品牌对市场的态度，是唯一可以体现品牌积极性和主动性，弥补受损形象的最佳途径。

3.3 品牌的视觉传播

> 最好的品牌识别项目是通过符合消费者需要的感官体验来展示并提升品牌。品牌识别通过判断每个接触点展现品牌，成为企业文化的一个部分——对企业核心价值观和文化的永恒标志。它是活的，形象商标代表着品牌属性和价值观。
>
> ——艾琳娜·惠勒

3.3.1 信息传播与视觉

不仅是那些大品牌，任何一个品牌都会面对视觉问题，这对品牌来说具有普遍意义。品牌在制定策略时，可以有很多方面着手，而视觉是必不可少的内容。

有些固有观念仍然认为视觉仅仅是作为一种品牌表现而已，视觉只是品牌的外衣，它是表象化的，片面的理解还以为视觉不具有品牌传播的深层含义。现在这种观点已经过时了，抱有这种想法的人们，他们似乎忘记了品牌是综合的艺术，建立品牌依靠的是消费者认知，唯有消费者的感受才是正确的，而对品牌视觉形象的认知是重要的。事实上，对品牌来说，视觉已经成为品牌价值的一个指标，是品牌的必要内容，它反映品牌策略。

信息是碎片化的，这成为基本的信息传播样貌，它带来的直接影响是信息在传播中分布的无序性，以及散点状特征。大部分信息的出现和发布都是短期行为，而不是系统性的，很多情况下，信息是零零星星的情绪化表达，缺乏可持续性。在一定的时间和空间中，多数的信息不是以系统性的方式构建起来的，它们是即时的，也是随机的，并没有被有机地串联起来，这成为一种基本现象。

在传播信息的渠道方面，与以往相比，通过不同渠道传播的信息是不同的，在传播体验上也有更大的差异。传统的传播途径，如报纸、杂志等纸质媒介，曾经是是多数情形下最为常用的传播介质。而现在，纸质媒介的影响力在收缩。人们有新的便捷途径获得信息，而不再单一地依赖传统的媒介和载体。例如，人们以往基本通过报纸和电视渠道来获得信息，几乎是在每天的固定时间里，购买一份喜欢的报纸，或者是在固定的时间坐在沙发上打开电视机，这都是曾经习以为常的情形。在接收信息的场所上，原来也是较固定的，阅读报纸和杂志是在地铁或者等车的过程中，而看电视也有固定的场所，对每个家庭来说，围坐在沙发上看电视都是常见的。可是现在，人们越来越依靠移动媒介来获取信息，信息传播途径已经发生变化，随之而来的是全新的信息体验感。移动终端成为阅读体验的最大载体，在这种情况下，视觉上显然要比传统媒介更为生动，传播效果更加活跃。

移动终端成为了新的接收和发布信息的渠道，移动平台上的社交互动使人们之间的互动更加活跃，移动媒介重新确立了新的社交方式和信息交流方法，人们能够随时随地发布信息，并且随时分享信息。这些信息更快速也更灵活。人们在每一部手机中和 iPad 上都能随时发表自己的声音，同时，每个人也能看到并且听到别人在说什么和做什么，获得和分享其他人的信息。作为最直观的信息来源——视觉形象，它的优势则更加明显，在新媒介上，发布一幅图片是简单、快速的，而且一个画面就可能说明了一个观点，代替了文字说明。值得一提的是，在分享和体验信息的过程中，任何信息都无法保证存在的绝对持久性，信息存在的有效性总是暂时的，而此时，突出的视觉形象就更容易在众多信息中凸显出来。

现在，人们会接触到大量的信息，信息之间也会相互覆盖，不同信息的相互叠加使得信息本身变得复杂了，而累积后的信息很难让人们快速地了解其中最精确的部分。在这种信息传播和交换的背景下，视觉信息的价值在于它不需要花费较长的时间就可以快速地捕捉信息。视觉形象省去了接受信息的烦琐和冗长过程，不会像阅读文字一样，而是通过视觉神经直接捕捉整体形象。人们通过图形、图像和色彩等视觉要点的采集，直观地理解信息的核心是什么，这样一来，视觉就变得简洁了，在碎片和海量信息中视觉的优越性就凸显出来。同时，视觉同时调动的是人们几个方面感受能力——这来自形象，也来自色彩和形式感，情绪也会对视觉感受起作用。这几个方面的能力在视觉感知中同步发挥作用，认知每一个符号、色彩和图形，并传导到视觉感知的神经系统中，加以分析，最终使得视觉转化为人们的辨别力和判断力。

3.3.2 视觉的个性

沃利·奥林斯①，品牌策划和形象识别领域的专家，在关于品牌的阐述中，他说道："对于大部分品牌来说，最主要的身份象征就是一个符号或标志。其他可知觉元素如——颜色、字体、标语或口号、音调以及表达的风格（有时称之为外观和感受）也是非常重要的，并且也一同组成了视觉识别样式。不过视觉识别样式的中心还是标志本身，这往往是出于品牌塑造计划的重心。它的主要目的就是以一种有影响力的、简洁的、直接的方式传达企业的核心理念。"

在当下的零售领域里，视觉显然是不可忽视的部分。现在，视觉在凌乱、复杂的品牌信息中会显得更为直观。在卖场中，人们首先是看见的形象要远多于先听到的，也远多于需要阅读的。在卖场中，视觉能够建立起很好的识别性。每一种有效的视觉形象都是经过处理的，因而都会展示出独特的面貌，这种面貌应该让顾客一看便知，而且十分清楚，并不用做过多的解释，形象是快速而又有效的，它直达人们的记忆深处。

在零售环境中，品牌的视觉形象实际上在构建一个完整的形象体系，其中核心的识别形象有突出品牌的作用，它强调了识别的效果，成为一个品牌最为鲜明的第一感知要素。而视觉体系更保证了品牌持续有效和综合传播效果，保证品牌具有明确的整体识别意义。

一经确立的品牌视觉形象，将会成为品牌综合识别性的一个重要部分。例如，奢侈消费品中路易威登和香奈儿的视觉识别显然是不同的，消费者会混淆这两个品牌。尽管这两者的视觉形象的核心——其标志本身都是由字母构成，一个是字母 L 和字母 V，而另一个是 C，但是形象的个性是迥异的。又

① 沃利·奥林斯，品牌策划和企业形象识别领域的专家，英国金融时报称他为品牌塑造与识别领域的领导者。他曾经为世界多家著名企业做过敢于品牌识别和塑造的咨询工作，这些企业包括了雷诺、雷普索尔、英国电信、大众汽车等，还参与解决了一些国家形象的建设问题，如波兰和葡萄牙。他在 1999 年被授予大英帝国勋章。

比如，登喜路品牌的视觉形象，这个男性品牌的创立起初是马鞍马具店，顶级工艺和品质使其成为一个不折不扣的高档品牌。在视觉上，其最特别的地方便是笔直的字母竖线，强调了视觉的形式感，这成为了品牌识别中最为独特的形象部分。

视觉的识别性也体现在品牌的色彩识别上。从某种意义上说，色彩在一定条件下有着最为出色的品牌识别优势。众所周知，红色是京东商城品牌的识别色彩，黑色是顺风快递的标准识别色彩（如图 3 – 2 所示）。而家乐福的识别色彩是蓝、白、红三色。这种强烈的视觉识别性很明确地增加了品牌的识别性。消费者看到这样的色彩，即便没有文字和图形作为辅助，仍然能加以识别。品牌借此实现了快速有效的传播。

图 3 – 2　京东快递

品牌的视觉识别既表现在品牌外观上，同时也体现为品牌内涵。无论品牌有什么样的理念和内涵，都会通过外在的视觉形象表现出来。因而，明确的品牌理念与品牌的视觉识别性是正相关的。相反，品牌理念阐述不清或者品牌理念自相矛盾，也会在品牌形象上有所体现，那将是一个糟糕的视觉形象，品牌在视觉识别上无法体现明确的特征，人们解读这一形象时，会感到信息混乱，这时的视觉形象成为一个被动的品牌附属品，而不具有真正意义的品牌识别功能。

在品牌实践中，设计师更倾向于通过视觉语言的综合运用来表现对品牌的理解，而营销专家们在意把视觉放在品牌的营销活动中来看待。无论怎样，具有突出优势的品牌，异曲同工，在形象上均有很好的表现。那些拥有悠久历史的品牌，时至今日仍蒸蒸日上，它们都极为珍视和爱护品牌的视觉形象，将视觉形象作为重要的战略资产，在维护形象上不遗余力。品牌一旦形成稳定的视觉识别样式，就会十分明确地传达出品牌的形象特征，从而具有优先认知的识别性。优秀品牌更加珍惜自己的视觉识别，在自己的品牌中，任何一个可视化的形象都有更多的保护措施，以此维护品牌的整体形象。

欧盟德国法院判决取消了 Louis Vuitton（LV，路易威登）的两个标志性商标，它的棕米色棋盘格和黑灰色棋盘格。两种图案分别注册于 1998 年和 2008 年，两者都在不同地区市场中有得到过应用。一直以来被广泛地用于 LV 品牌的皮具、鞋包等零售单品。LV 集团还曾拥有专门的品牌团队在预防和处理类似的仿冒问题。现在，专业知识产权律所 EIP 的伦敦公司律师表达了这样的看法，Louis Vuitton 即将失去保护其标志性图案，视觉个性受到威胁，这种一直以来被用来证明 Louis Vuitton 品牌形象的重要图形，有被竞争对手和其他厂商使用的可能。

对于新上市的品牌来说，创建的识别符号在消费市场中是陌生的，与消费者建立良好的关系首要是建立沟通渠道，因而要解决的第一个问题是品牌要给消费者什么视觉印象。第一印象经常成为品牌接下来与消费者沟通的基础。如果品牌的视觉形象给人们的第一印象是安全，那么消费者就会在接下来的判断中应用到安全这个基础性沟通认识；品牌的视觉形象如果是热情的，那么消费者会接下来对来自品牌的热情有更多期待。

市场中的竞争不可避免，因而品牌更不能默默无闻，需要通过形象明确自己的观点。成熟的品牌拥有多重形象识别，其中，核心和重要的形象会调动连锁记忆。在品牌的视觉识别中，标志作为关键要素，往往是开启品牌和外界沟通的一个重要符号，是核心性的，是品牌与消费者直接的信息连接点。在视觉形象的识别中，标志是品牌的身份证明，是品牌对外形象传达的核心，也是企业对内凝聚力的集中和浓缩。标志的识别设计要求从整体到细节的一致性，形象突出、鲜明，优秀的标志不显局促和别扭，能够使理念与造型相融合。给人的感受是视觉和语意融会贯通。

3.3.3 以视觉为契机

视觉和品牌的结合不仅是表现品牌核心要素，也广泛地应用在品牌策略上——以视觉为纽带的品牌传播。对品牌而言，视觉既是形象也是策略，是品牌营销的艺术，因而，视觉也是品牌为打开市场，与消费者交流的契机。

在品牌策略上，视觉艺术与品牌的结合是策略中的亮点。迪奥奠定其高级品牌的地位有目共睹。在消费者眼中，它是非常明确的奢侈品品牌。在迪奥的品牌传播中，从“迪奥精神”主题展览到“Miss Dior”（迪奥小姐）的系列展览，不得不说这些经过精心策划的视觉活动给品牌带来了良好的传播效果。这一做法使得品牌形象更丰满，品牌认知更明确。在“Miss Dior”主题展览中，品牌邀请了十多位当代女性艺术家创作艺术作品，作品以“迪奥小姐”香水获得创作灵感，借视觉艺术之手展现内涵与理念，从这一活动的策划中，我们可以梳理出清晰的脉络，能够筛选这样几个关键词——“Miss Dior”、女艺术家、迪奥小姐、迪奥精神，这些词语共同串联起了品牌的视觉之旅，突出了品牌定位。

不只是高档的奢侈品在通过视觉表现品牌魅力，在大众消费品市场，品牌通过视觉，以视觉为契机，进一步激活形象，吸引消费者注意。可口可乐推出了“昵称瓶”，因而拉动了销量增大20%，大获成功。可口可乐接着又继续了这一做法，推出了“歌词瓶”，请明星加入这一计划，从周杰伦到“五月天”，歌词瓶上的歌词大多出自人们耳熟能详的歌曲。可口可乐还配合使用了二维码，通过扫描便可观看到小段的音乐动画，也可以在社交平台上进行分享。可口可乐“歌词瓶”使饮料瓶不再显得无聊和乏味了。

海澜之家在视觉上在尝试突破，通过产品的视觉冲击力扩张品牌影响力。“Hi－T”是海澜之家的T－shirt品牌，“Hi－T”商品品牌意在实现年轻化和时尚化。在日均40万人流量的上海陆家嘴地铁站，“Hi－T彩虹墙”的视觉创意展示了品牌视觉的魅力，人们在此会放慢脚步，观赏这一漂亮的“画面”——400多件各种鲜艳的彩色T恤陈列的“Hi－T彩虹墙”，它吸引了人们驻足拍照，海澜之家开始了视觉营销之旅。

3.4 塑造和提升品牌

> 市场营销行业的普遍共识是，新产品的广告应该比老品牌的广告更能激起消费者的兴趣。但实际上，相对于新产品，我们对已知或购买过的商品存有更深刻的印象。
>
> ——杰克·特劳特

3.4.1 塑造优秀的品牌

对于零售品牌来说，能够出现在项目清单上，并进入消费者心目，才算得上是真正赢得了消费认可。

品牌想要变得优秀，要在市场上突出自己，那么在市场上就要表现出十分明确的个性，这就要回答两个问题——我们是谁，我们能给消费者带来什么。面对消费者，品牌的策略所要做到的是以最直观的感受和信息，解答这两个基本问题。为了达到这一目的，在零售中，烦琐的信息就有必要剔除掉，而明确的核心信息要得到突出和加强。

品牌首要明确和回答的问题，告诉消费者：

- Who——是谁；
- How——怎么样；
- Why——为什么。

品牌在适应新趋势的过程中，要找准自己的位置，树立明确的形象。塑造品牌形象伴随着社会环境和经营环境变化，是一个动态过程。在这个过程中，企业塑造品牌形象，保持或提升品牌形象。但无论是在何种情形之下，根据市场趋势适时而为，都要找到位置，告诉消费者“我们是谁”。例如，雀巢是速溶咖啡，王老吉是凉茶。这一点需要不断重申，因为在零售市场的千百种商品中，能够直接的被消费者快速认知的品牌仍然是不多的，成功的品牌显然是太少了，而无法简明扼要说清楚的品牌更是不在少数。

品牌要时刻与时代保持同步，要认识新事物，理解而不是排斥新的趋势，保持对新事物的好奇心。在这个方面，品牌会逐渐的树立起形象，让消费者感到这是一个怎样的品牌。成为优秀的品牌，对新鲜事物保持好奇心，这一观点不仅适用于零售市场，在几乎所有的品牌领域同样适用。“我为什么知道 EXO（男子组合名称）呢？我知道他们在贴吧有几千万的粉丝，我知道他们是一个重要的力量。所以，我们要对文化的流行现象和新的趋势保持敏感，要注意人们的喜好发生了怎样的变化，以及有什么新的现象出现。”百度与韩国一家大型娱乐公司签订合作协议，李彦宏谈到当时的情形。韩国这家公司的总裁对李彦宏说：“与百度合作最重要的原因，是有一次 EXO 在鸟巢开演唱会，你也去看了。”①

在品牌成长的道路上，能够成为真正优秀的品牌，需要持续地雕刻自己，完善品牌形象。正如同园艺师手下的盆景作品，需要很长的时间加以塑造，这些作品才能够真正呈现出完美的造型。品牌也正如雕刻家刀下的原石，经过不断雕琢，才会逐步显露出美妙的轮廓。这个过程需要花费时间和精力，不断的磨合品牌与消费者关系，而不是一蹴而就。体现在具体问题上，要做到理解消费者，认识当下社会的消费趋势，意识到品牌和潮流之间的关系，建立清晰的自我认知，认识到品牌是倾向于保守的，还是具有前瞻意识的，并且时刻发现品牌问题，及时修正品牌形象。这些认识和做法有助于品牌做出相对客观的评价，不断顺应时代，并与消费观念同步。

“我们所用的棉花有超过 2/3 来自更可持续的来源。迄今为止，全球各地的宜家建筑共安装了超过 550000 块太阳能电池板。面积足有 130 个足球场那么大，能够满足 20300 个家庭一年的供电需求”。宜家这样宣传自己的节能和环保措施，宜家一年售出 1200 万个 LED 灯泡，这些灯泡与普通白炽灯相比，能够帮助顾客每年节省 8600 万欧元的电费开支。宜家品牌价值在行为中得以贯彻，形象因此而变得具体——传递一个积极、健康的形象。宜家在逐步树立一种良好的公众形象，通过不断的积累，消费者感觉到这个品牌是环保的、负责任的，不断地完善形象远比一条夸张的广告对消费者影响还要大。

对品牌细节的苛求，就是对消费者利益最大的保障，同时，这种态度也体现了一个品牌的精神和价值观。消费者一旦在价值观上认同一个品牌，那么品牌与消费者之间就建立了更高水平的沟通。苹果店面苛求展示细节，苹果专卖店的每个桌子都兼具收纳线缆的功能，在走进苹果专卖店，这一点细节或许很容易被消费者忽视。但在桌面上看不到各种烦琐的线缆，品牌陈设更加简洁，这就是品牌要体现的形象。苹果产品专卖店中所使用的桌子都出自美国家具品牌 FETZER——一家上百年历史的木制品企业，这家企业的产品在全世界享有盛誉。显然，这些并非产品本身，而是所谓的附属品，但对于一个意在树立独一无二形象的品牌来说，不愿意随意放任这样的细节，它们同样具有与产品有同样的体验价值，因而也依然代表了品牌形象。这虽然是一个细节，但传递出品牌对消费者的尊重和重视，因而也是品牌的精神和价

① 百度 CEO 李彦宏在中国文化产业峰会上的演讲。

值所在，是被视之为优秀品牌的一个部分。

品牌要提供足够多的消费满足感。品牌策略不仅包含了基本的视觉形象和识别策略，即通过视觉语言来传递品牌信息，也在告诉消费者一个品牌的情感特征，告诉哪些方面是品牌最有价值的，告诉消费者购买商品、信赖品牌的必要性。在乔丹闻名的NBA时代，乔丹为耐克品牌代言。那时，人们就会认为穿耐克品牌就意味着要像乔丹那样有成就。这是一种足够强烈的满足感，因而要购买耐克的产品。“你想让消费者用你企业的产品之后有怎样的感觉、什么样的心态，就要挖掘产品与消费者之间的情感价值。”美国科特勒营销集团的总裁米尔顿·科特勒这样说道。要知道，消费者在购买了商品之后，满足感不止于使用层面，情感上能够更加满足，具有对应的价值才是最重要的。

优秀的品牌一定会制造情景，让消费者有体验，有同感。2004年以前的国内固体奶茶市场几乎是空白状态。杯装奶茶行业当时处于新兴阶段，市场发展潜力巨大。杯装奶茶属于快速消费品，它的优点是便于携带，对年轻人更具有吸引力。喜之郎在2006年夏天推出了自己的杯装奶茶品牌优乐美（如图3-3所示）。电视广告主要通过营造温馨浪漫的情景，以及年轻情侣的对话，唤起年轻人内心的情感共鸣。广告对白中“你是我的优乐美”与视觉形象呼应，成为年轻消费者与品牌重要的共鸣要素。

图3-3 优乐美奶茶

优乐美奶茶品牌，在宣传上以产品形象和广告场景的结合，描述了一个浪漫氛围，有强烈的共情作用

3.4.2 突出品牌特征

品牌在表达自己的时候，如果想说的太多，视觉信息就有可能由于变得过度丰富而过剩了，因此，烦琐的形象无助于触动和集中消费者的注意力，只有明确的、毫不含糊的品牌要点是一个品牌最重要的策略内容。

体现和突出品牌的特征，做法是从多个方面着手，发现和强化品牌的有利的部分，让这一部分快速、有力的进入消费者心中。当然，如果一个品牌具有典型特征，那么这个品牌的认知就会更好，被消费者记忆的效果更持久。

品牌在形象策略中塑造典型特征，最终将体现在以下方面：

- 图形形象；
- 色彩感受；
- 视觉风格；
- 产品形象；
- 广告表现；
- 视觉环境；
- 关联形象。

以上内容对实施品牌策略起到很好的框架性作用，这些方面最终出现在消费者眼前。

在品牌策略中，典型特征的价值在于它能够提供一种明确的品牌驱动力，保持品牌的持久印象，形成连续认知，在市场环境中不会被嘈杂的信息影响。例如，品牌的标志形象起到的作用是表现品牌的识别性，给予品牌一种能够区别于其他品牌的视觉特质。人们不会混淆家乐福和沃尔玛。消费者会通过这一形象察觉到品牌之间的差异。典型特征还来自于环境和造型、色彩等，它们在某个方面具有突出的品牌感受力，能够传递品牌个性，形成品牌的差别化。屈臣氏和 7 – 11 有差别，会给人们明显不同的感觉。

在产品上也会形成明确的差异和品牌特征。例如，消费者对饮料类产品的常规认识是清凉、明亮的形象和色彩，因而会认为明快的蓝色、淡绿色和鲜亮的黄色等色彩能够表现清凉感。这是最为常见的认识惯性，是消费者一般层面和基础性认识。可口可乐心瓶身是鲜明的红色，饮料本身的颜色也是深色的，而不是清亮的透明感，这是它最为突出的形象感。再如，在选择矿泉水的时候，人们很容易就能够从货架上找到农夫山泉品牌，红色的主色调十分容易在同类产品中被分辨出来，相比于冷色系的产品，它在货架上十分醒目。

品牌的典型特征在触及消费者的每一个细节上得到延伸，包含了更丰富的信息。在零售消费品方面，从基本的视觉符号延伸到产品形态、包装造型、广告创意、销售环境设计等方面，这些表现都有条件具有典型性，成为品牌策略的突出重点。出现在消费者记忆中的奥利奥，一定是经典的印有图案和文字的黑色圆形饼干，在中间夹着白色巧克力，这是品牌的典型特征。当提及这一品牌的时候，黑色巧克力饼干的形象会最先从消费者记忆中跳出来。奥利奥蓝色的外包装也是重要的识别形象，这在货架上十分突出。而 M&M 巧克力同样有着突出的形象，产品造型十分突出，不同于其他巧克力的造型。另外，品牌的卡通造型也与众不同，形象地深入到消费者关于品牌的记忆中，它们都具有了典型性。成功塑造品牌典型特征的还有很多，王老吉给我们的印象是红色罐装，因而是典型的，红牛的金色外观是典型的，而露露杏仁露蓝色的细长罐体与许晴的代言形象同样是典型的。

3.4.3 提升品牌

> 随着时间的变化，管理品牌的一个关键问题是改变形象、定位或者执行的决策。改变三者中的任何一个都是要付出代价的，而且存在潜在的危险。形象的改变是更为根本的。当然，改变也是有原因的，实际上，坚持有缺陷的或者无效的战略可能会造成灾难性损失。
>
> ——戴维·阿克

品牌在某些情形下做出了改变，是为了更加能适应未来发展需要，这被视为品牌提升形象的动因，这种改变有着很明确的战略意义。

成熟强大的品牌不会固守单一的策略，而是运用更多的手段，不断改善形象。可口可乐一直在不断的改进形象，装有可乐的瓶子在外形上不断变化，现在仍旧基本保持着最经典的外观，而标志也不断改变，中文形象的识别最近由著名设计家陈幼坚设计并完善。公司于 1919 年在美国上市，直到 1972 年都以每年 15% 的速度持续增长，很少能有企业能够实现如此长久地增长。巴菲特在 1988 年买入可口可乐的股票，总投资额增至 10.24 亿美元，1991 年就升值到37.43亿美元，在两年内涨了2.66倍。他在伯克希尔1991年的年报中高兴地说："三年前当我们大笔买入可口可乐股票的时候，伯克希尔公司的净资产大约是34亿美元，但是现在光是我们持有可口可乐的股票市值就超过这个数字。"可口可乐品牌在发展过程中，持续的带给消费者惊喜，形象却一直在变化，这个历史悠久的饮料品牌已经经历了多次品牌形象提升，以不断增强活力。

在提升品牌的情形中主要包括以下几个方面：

- 检查形象；
- 提出新概念；
- 形象的明确化；
- 整合新形象；
- 新形象推广。

在品牌形象传播中，为保持品牌形象的持续性和时代感，对现有形象进行分析和检查，找出问题。优化现有形象要素，对于阻碍了品牌未来发展的部分要加以优化和改进。在具体情形中，要增加新的品牌要素，重建视觉形式感。视觉上呈现出品牌理念最崭新的部分，这将是品牌未来的方向。而调整不够明确的部分，则意味着品牌观念更加清晰，目标更为明确。

伊利品牌在提升形象中提出了新的主张，提出"滋养生命活力"的新概念。随之而来的是伊利品牌的形象改变。这个项目从2011年启动，应用到零售市场的宣传中。改进的项目包括了品牌标识、广告和包装，提升也在产品层面进行了改观，如伊利的核心产品：营养舒化奶、QQ星活性乳酸菌饮料、金领冠婴幼儿配方奶粉、"畅轻"和大果粒酸奶、巧乐兹雪糕等。新的品牌形象被定义为更加国际化，尽管设计上仍然使用了中文的品牌字体作为主体，并将其放在中心位置。但视觉整体优化和调整了，原有视觉形象做出改变。从原有的识别符号中变化产生新的造型，原有标识中右上角的图形演变并且重新构造，形成新标识中环绕在四周的新形式，新形象既可以看出品牌的连续性，也可以明确地感受到品牌新理念。

4 零售品牌定位

我们的口味很容易随后时间而改变，也许因为我们拒绝被这样定义，所以很多人已经开始学着在同一时间里选择更多的东西。

——詹姆斯·哈金

4.1 需求定位

4.1.1 认识定位

“事实上，无论你是否写下了一个定位，你的品牌都存在着一个定位。请记住，品牌定位是指你的客户如何认知、认识和感受你的品牌。所以，只要你的客户接触到你的品牌，他们同一时间就会对你的品牌产生认知、认识和感受。换言之，你可能会觉得你的品牌代表的是可靠性，但如果你的客户不这么认为，你的想法就真的毫无意义了。”

——布琳达·本斯

毋庸置疑，定位存在于人们的心里，而不是一个简单的形式，也不是品牌自己认为的那样。只有消费者理解并接受的定位才是真正有价值的品牌定位，而那些品牌所诉说的，与消费者接受的产生了不对称，则让品牌陷于被动。

在品牌和消费者之间，定位像是一座桥梁连接着两端，消费者通过品牌定位认清品牌特质，消费者选择更适合自己的商品；品牌定位则让目标消费者清楚知道了品牌能够提供什么。

品牌要有占有市场，依赖于消费者的感受力。消费者的认知和体验是作为品牌迈向成功的基础，这是品牌定位的出发点。有了消费者的认可，品牌就会成为市场中的强者。因而，一个明确的定位需要确定受众究竟是谁。例如，制定果蔬洗涤剂品牌的策略，首先要清楚了解目标——谁是使用者，而谁又是购买者；在家庭之中，谁来管理厨房，而谁在采购蔬菜水果；家庭成员中谁对果蔬上的农药残留更加敏感，等等。这将会影响策略的方向。

“对于未来，总有一些确定的趋势可供展望。但和自然法则一样，和确定的未来形成对立面的永远是大量的不确定因素。”国内知名营销专家叶茂中认为，在决策过程中对品牌的研究和判断是非常重要的。

不同品牌为消费者提供的价值点不同，因而市场中有很多不同的定位，消费者能够根据自己的需要加以筛选，在货架前选购商品，如果无法得到差异化的品牌认知，问题就会出现，消费者没有明确的“引导”已确定该选择哪个，该放弃那个。很多时候，在这种情形下，消费者选择的重点就会发生改变，品牌上的黄标签会成为一个选择标准——通常黄标签更加醒目，价格优惠。

一个品牌的长久不衰在于它是否有能力吸引并留住那些愿意为品牌付费的顾客。这就意味着品牌必须能识别出消费者，照顾到自己的潜在顾客，认识市场中顾客的消费变化。威廉·阿伦斯①认为：“消费者住在何处？在哪里工作？如何休闲？家庭情况和怎样生活？了解这些问题仍然不够，还要了解他们的需要、欲望和企盼”，以此作为制造产品和提供服务的准则，与消费者共鸣的方式进行沟通，将品牌信息传递给他们。

在对消费者的判断和认识上，细致地刻画出消费者的形象，就如同让消费者真实的站在品牌面前，这会使品牌定位目标更具体，策略更有针对性，沟通的实际意义会更强烈。因而，品牌所要做的不能够只是把一个概念抛出来，而是用一种消费者能够理解的方式与之交流，倾听消费者的声音，这使得定位更加具体化。

给消费者带来更多想要的东西，这是品牌被选择的理由，也是重要的定位依据。例如，家庭装修材料墙面乳胶漆市场中，供销费者选择的品牌有很多，多乐士、立邦、都芳等是知名的畅销品牌。这些品牌通过占领消费者心中的地位，保持了与消费者同样的思考角度和认识立场，都在试图抓住消费者的关键需求。

---

① 威廉·阿伦斯（William. F. Arens），战略整合营销专家。

能够记住市场中的竞争，记住被市场淘汰的曾经显赫的品牌，意识到品牌生存的重要性，而不是忘记市场的残酷。在近十年间，令人唏嘘的品牌大事件给品牌生态系统带来了冲击和震撼，那些曾经备受消费者青睐的大品牌先后败退出市场，这给我们以现实的启示。在时代的转折点上，品牌要想生存和壮大，需要时刻保持市场警觉和品牌自省，只有立足脚下，认清品牌趋势，才有可能赢得最后的生存机会，所以绝不能够妄自尊大、掉以轻心。如果品牌策略上出了问题，从小的方面看，会引起局部和现实的市场失利，大的方面则逐渐动摇品牌地位。

在品牌建设中，为了突出自己的产品，决策者们都会预先假设产品和服务的市场切入点，并设想其满足了消费者的某种需求，因而给出上市的理由，而当真正的产品出现在货架上的时候，这个巨大的押注则迎来了最终的输赢判定。因而，只有那些谨慎研究，并认真分析受众，准确推敲市场的品牌才有较大的成功概率，单纯的以自我为中心的品牌认识则要面对很大的风险。

品牌对消费需求的理解水平和市场应变能力是有差异的，而这一点影响着品牌在市场中的成败。从几十年来品牌进军市场的路线中，我们可以看出不少的品牌失败了，难道他们没有花时间去研判市场吗？或者说，他们没有认真对待自己的品牌吗？

在决定投入精力和成本推出品牌的时候，任何一个决策者都有着良好愿望，对市场充满想象，但最后成功的却是少数。没有完全理解市场，面对市场中随时出现的问题，缺乏必要措施应对，这样品牌在市场中就时刻面对着未知的危机，因而也很难立足。

在产品推向市场的时候，“卖给谁”和“怎么卖”是重要的营销问题。明确的认识有助于从前期开发到完成整体的策略与设计，在营销上也会表现的成熟。假设在夏季打算推出一款果汁饮料，我们该怎么做。如果认为市场中消费主体是年轻人，我们是否仍然要沿用“活力”这一品牌主题？做一些市场调研，在走进超市的时候，从货架上随机选取几瓶饮料，就会发现这个问题。同类产品中，策略上或多或少的都体现了活力和激情。这时，最明显的问题就出现了，如果要继续推出产品，并且延续同样的品牌策略，可能会让品牌在市场上毫无特别之处，新的产品在市场中不会有太多的关注度。因而，有效的策略应注重更加深入的研究，而不只是浅表性的概念表述。

面对市场，心存敬畏是成熟的品牌态度。如果沿用老套的思路，只会让品牌在经历长期痛苦后不可避免地走向失败。在推向市场的产品中，总会有很多不成功的例子，而它们也不会再被提起。这就需要谦虚的对待市场，用更全面的认识取代简单的市场假设，去除格式化思维。那些推导出的结论，或许市场并不一定给出同样的支持和印证。因而所有假设都应该是立足于消费者和市场的。

4.1.2 消费清单和目标

顾客购买某件产品，认可某个品牌，那么这件产品和这个品牌会出现在消费清单上。想办法出现在消费清单上，品牌就有了成功的希望。而谁会把我们的产品和品牌列在清单上，他们是出于怎样的想法，这是需要分析清楚的。例如，消费行为和消费决策是否是同一个人，消费是否意味着就是购买。在消费者的具体分析上，购买人群和使用人群是一致的吗？针对具体的品牌和产品类型，有必要梳理出更清晰的消费线索。

消费者概念的区分：

- 决策者——有影响力的人；
- 执行者——接触到品牌和产品的人；
- 使用者——使用和体验这一品牌和产品的人。

零售产品从货架上到被装入人们的购物袋之前，首先要出现在人们的消费清单上。零售市场上，能够让品牌进入消费者的清单，就具有了比其他品牌更大的优势。这个清单有可能是书面上的，也有可能是在脑海中的，但出现在购物清单上的商品和品牌，就意味着对这个消费者有着更多的影响力。例如，那些在家庭中有话语权的消费者，支配了家庭中多数物品的使用，无论他们是男是女，在日常消费中，他们都会初步构建出一个较完整的日用品牌清单。哪些商品价格更优惠，而哪些商品性能更好，哪些口碑更好，这都会成为清单上的有利条件。当这些清单项目和信息被需要时，在购买过程中，清单上的品牌会优先被选择。这样一来，如果更多的家庭在清单上有这个品牌，那么这个品牌就具有市场较大的份额。

对于货架上的新品来说，想要出现在消费者的购买意愿中，品牌策略要有鲜明的“靶点”特征，这符合消费动机，是消费者选择品牌的目的所在。“靶点”这个词语通常被用来指医学上的针对性治疗，通过具有诱导性的药物或者射线等治疗手段，对特定区域进行精确的目标治疗。这种医学上的做法可以避免影响其他组织，而有很明确针对性瞄准病变部位。对于新的品牌来说，“靶点”确立的目标是十分明确的，品牌直达目的，这种意识在于让消费者快速的辨识产品主要信息，决定这个品牌是否应该是清单上所必需的。在货架上的竞争中，品牌针对性的靶点策略，就具有这样的明确目的，因而要比面面俱到的泛泛而谈好得多。

成功的品牌占据了消费者的心智，始终牢固的占领着顾客的消费清单。阿尔迪（ALDI）是德国一家以经营食品为主的连锁超市，它的前身是1948年阿尔布莱特兄弟接管其母在德国埃森市郊矿区开办的食品零售店。1962年进行了重组。目前，阿尔迪的年营业收入超过300亿美元，成为德国最大的食品连锁零售企业——这一地位并不是沃尔玛保持的。阿尔迪在同业中长期保持竞争优势的重要原因之一是在任何时候都要精打细算，把每一分钱都节省下来，保持较低的经营成本，这是其特色。销售上主导优质低价，所有商品都要以最低价格推向市场。阿尔迪成功的核心在于提高商品品质和降低售价，营销和品牌行为都围绕这一点展开，因而几乎舍去了所有不相关的细节，甚至在很长一段时间内，因为商品种类少，人工能够记住商品价格，阿尔迪门店没有使用收银机，而完全依靠人工方式收银。这一切使得品牌动机十分明确。

目标明确的品牌会获得成功，不明确的品牌必然会遭遇挫折。翠丰集团是世界500强的知名企业，是家位列欧洲第一和全球第三的建材家居零售集团。2000年，翠丰集团在土耳其市场通过合资模式来发展业务，结果取得了不错的成果。在当时，翠丰集团与土耳其当地最大企业KOC集团以合资模式推出了KOCTAS品牌家居装饰连锁店，如今，KOCTAS已经成为土耳其国内最大规模的家居行业零售商。但其在中国的零售品牌——百安居，发展却并不如意。翠丰集团试图要把其在土耳其市场的成功经验复制到百安居中国上。在经历了“战略性亏损”的几年后，百安居在进入中国的第四个年头实现了首度赢利，并在接下来的一年里实现了净利润的大幅增长，达到7200万英镑。随后的2005年是百安居中国急剧扩张的一年，全年的新增门店达到21家，百安居在华门店总数达到了48家，是竞争对手的两倍多。不过这种以多制胜的意识并没有得到市场认可。在消费者购买建材的零售商清单上，百安居是否依然存在？这说明一个问题，百安居中国没有给出明确的品牌特征，就连消费者也没有办法搞清楚这个品牌究竟对居住环境和家庭装修意味着什么，有什么样的重要性，因而很难把它和其他建材零售商有效的区分开来。

在市场很好的时候，看到财务报表上的华丽数字，品牌管理者们不会意识到品牌存在的问题。“问题是，当等到财务数字显示出下降时再行动就太晚了。因为数据只是对过去的反映，不要用现在的财务表现来衡量你未来是否会健康地存在。现在的产品市场会慢慢成熟。如果等到财务数据表现出来证明需要创新商业模式时，很可能就已经没有时间了。”克莱顿·克里斯坦森提醒说，为数不少的企业只有到发现问题时，才认识到事情的严重性。

4.1.3 消费者立场

“定位不是你对产品要做的事。定位是你对预期客户要做的事。换句话说，你要在预期客户的头脑里给产品定位，确保产品在预期客户头脑里占据一个真正有价值的地位”，著名营销专家艾·里斯与杰克·特劳特阐述了这样的看法。

品牌站在何种角度思考问题是关键的，尽管企业生产了产品，创建了一个品牌，在卖场中正在销售产品，而且在产品和营销上投入了更多的感情，在多年的市场中也总结了一些成功的经验，但是这不能够成为一个定位的准则，也不应是一个出发点。很多企业都会下意识地以自我为中心，因而有时更在意自己的想法，而忽视了顾客的意见。

品牌在制订策略时，必须时刻进行换位思考，站在消费者角度去思考，要思考品牌的想法和消费者的想法是否一致？如果只是站在自身立场上，就会在长期的经历中陷于保守，而不敢采取新的方案，执行新的策略。品牌会在成长早期为立足市场寻求突破，但随着市场占有率的提升，这种突破的能力和愿望在下降，更倾向于维护市场，固化理念，变得保守。因而，对消费者的认识水平会下降，在市场中的形象感也逐渐模糊，也伴随着对消费需求的理解的机械化。随之而来，品牌观点会显得落后市场步调，品牌定位不再牢固，产品不能够满足消费者的期待。要改变这种情形，就必须时刻提醒和意识到消费者立场的重要性，时刻调整状态。

在矿泉水市场中，农夫山泉并不是最早出现的品牌，在市场中的成功源于树立了新的品牌观点，因而成为了矿泉水市场中的代表性品牌。然而，品牌并没有就此原地踏步，而是不断修正自己的定位，保持了与消费者立场和认识的同步性。从“农夫山泉有点甜”到“大自然的搬运工”，品牌保持了新鲜和活力，适应了新型消费观念。

品牌定位更多的是基于对消费者的理解，但是在认识水平上却存在差异。在寄希望于自己的产品占领市场时，几乎所有的品牌都会对消费者做出分析，如把消费者进行简单地分类，分为女性消费者、男性消费者、年轻消费者，或者是成功人士，等等。这些粗略和含糊的划分却人为地将消费对象刻板化和固定化了，在此基础上，显然不能够产生有说服力的定位。无法清晰地认识消费者立场，不能真正地解读源自消费对象内心的需求，自然最终也不能使品牌达到消费者的预期。品牌在定位中不能够深入理解预期的目标消费者，仓促就做出决定是缺乏远见的。

我们要知道预期消费者在哪里，他们怎样思考，怎样做事，怎样生活，精确地描绘出消费对象的轮廓，这种分析才足够真切和具体，在此基础之上，分析得出的结论才能够指导策略。

消费者的购买预期的含义上包括了基本预期和超出预期两个层面，品牌能够给消费者更多的需要，不仅是满足消费者既定需求，即基本的预期，例如，在购买鞋子时，不仅满足基本的需求和感受，更侧重于超过消费者预设的水平，这常常会被理解为品牌带给消费者以“惊喜”，这是超出预期的部分。消费者在接收到品牌信息时，也会对品牌有更高的满足感。

在市场中，那些让人兴奋、激动的销售艺术都是有备而来的，它们为消费者量身定制，而又比消费者想要的，能够给得更多一些。在卖场中的文字描述，语气、语调，乃至陈设布局，无不传递出超过预期的信号，提供更多的信息。宜家在产品宣传上，会把产品设计师的大幅照片同时展示出来，这样做的好处在于，消费者面对的不仅是具有实用功能的物品，不再仅仅是一个需要付钱购买的物品，而是一个更鲜活的品牌信息。照片上的设计师都会微笑示人，这显然是宜家别有用心的安排，会让消费者不自觉地感受到品牌和顾客在做友善的交流，这时的品牌不再是冷冰冰的，而是温暖的，贴心的，这与基本的家具产品购买预期是不同的（如图4-1所示）。

消费者在购买商品的时候，会有很多预设的想法，如果在实际购买中，产品比预想的好，或者比预计的便宜，或者品牌服务比预想的更为周到等，这些超过的部分就成为品牌领先其他同类品牌的优势，而这也会都会触发更大程度上的情感认同。

图 4－1 宜家产品品牌展示

宜家的产品不仅实物展示，供消费者体验，同时会在海报中附上设计者的照片。这一做法让消费者更真切的对商品有了体会。这是与很多同类品牌在产品体验上的不同之处

如今这已经成为更多品牌在开发和推广中运用的成功经验。2009 年，亚马逊花费 8.47 亿美元收购了网络平台售鞋的 Zappos 品牌。是什么吸引了亚马逊愿意以巨资收购这个平台？是因为 Zappos 给予了前来购物的消费者超出预期的内心满足感。Zappos 的承诺是消费者在买了鞋子 4 天后即能送达，实际情况是隔天即到，这比预期的要好。品牌推出售后延迟付款，Zappos 的顾客购买商品后 90 天内可以不付款，这也是超出消费者预期的品牌优势。甚至会允许用户买一双鞋，却能试用三双，然后把不合适的再邮寄回来，邮寄是免费的，这不得不说是个好主意。这些超出了消费者预期的做法，使品牌占有了强大的客户资源，有了更好的顾客评价。

品牌提供了超过消费者预期的供给条件，与消费者建立密切关系。京东商城在国内建立起了良好的品牌信誉。京东商城专门为消费者提供了“打白条”购物，这是一种在一定时间内可以延迟付款的方式。在部分物流发达地区，有在上午 11 点前购物当日即可送达的快速送货服务。这些服务无疑使消费者受益更多，而夜间配送则可以提供在晚上 10 点前的送货服务。

专注于产品，产品开发上以消费者的需求为出发点。美国市场是全球规

模最大的运动服装市场，仅有18年历史的新锐品牌Under Armour（UA）刚超越Adidas，成为仅次于Nike的全美市场第二大运动品牌。UAD的首家零售店铺在2013年年初开业，总裁Kevin Plank在谈到品牌的发展说道，Under Armour净利润连续10多个季度以20%以上的速度增长，其成功秘诀是一直致力于满足用户需求并带来新品和创新技术（如图4－2所示）。品牌创办人Kevin Plank曾经是橄榄球运动员，在其运动经历中，始终感觉到一个问题，运动服的材质和面料的吸汗性能并不尽如人意，因此他希望服装上使用一种快速吸汗、排汗的材料，于是自己动手开始研发。他研发出了微纤维T恤，并提供给很多人试用，产品口碑渐渐地建立起来。随即就不断推出了各式创新产品，如数字化运动监控系统，这个系统可以植入到女性慢跑胸衣上，用于跟踪心跳、卡路里消耗和运动强度，又推出了反响热烈的红外保温科技、导热材质面料和跑鞋技术等。这些不断融入新科技的产品快速带动了品牌的扩张，吸引了大量消费者。新的产品思维已经超越了消费者对传统运动服装的认识。

图4－2　Under Armour品牌形象

Under Armour刚刚超越了Adidas，成为仅次于Nike的全美市场第二大运动品牌。新的产品思维已经超越了传统运动服装的产品观念，给予消费者一种全新感受

4.2　品牌印象定位

自我摸索出的这个时代，社会发生了很大的变化，现在的市场是消费者说了算。如果想要成功，要去理解消费者，观察他们的喜好，为他们提供周到的服务。

——阿曼西奥·奥特加

4.2.1 品牌的第一印象

在零售品牌的形象传播中，识别性的基本出发点基于快速、有效的表现品牌，缩短信息传播时间和路径，给消费者指出最直接、明确的关键内容，创造良好的品牌第一印象。

建立第一印象是品牌关键性的一步。品牌的第一印象之所以可贵，是因为消费者会基于第一印象和感受，并会以此作为进一步的依据来决定以后的购买。一个品牌给消费者第一印象是大众化的，那么这个品牌在被消费的时候，就会以大众化的面貌出现在人们面前，这种先见性的认识都会在接下来的购买中发挥作用。而一个精益求精的品牌，就会给顾客信赖感，有很好的消费体验，因而其形象也是精致完美的。

品牌第一印象是由多种因素组成的，包含视觉在内的综合性的多重因素构成了一个印象集合，通过这个集合，品牌把理念、价值、文化、策略和定位等有机地融合在一起，传递给消费者。

消费者在接触品牌的时候，接收到的是一个综合性的打包后的印象“包裹”，其中就包含了多个方面的品牌印象要素。

消费者对品牌的第一印象包含了以下几个主要方面：

- 形象印象；
- 体验印象；
- 舆论印象；
- 心理印象。

形象印象包括围绕品牌传播实施的各种视觉形象，品牌的标志、色彩，相关的图案及造型等，这些形象通过视觉传递给消费者一个信息，在回答这样的一个问题，即“我是怎样的”。品牌的体验印象则在于消费者对品牌的体验上，通过消费者对产品、服务的感受，直观地形成对品牌的印象。而舆论印象则来自于媒介传播和消费舆论，是消费者对媒介传播中品牌形象的反映。心理印象则突出消费者的心理反应，感受到这个品牌是理性的，或者是感性的，是粗犷的还是优雅的。这些印象因素被组合起来，形成对品牌鲜明的第一印象。在实际的品牌传播过程中，通过观看，通过听和说，通过亲身体会，这种“混合型”的第一重感受传输到消费者的感知系统中，再投射到消费者大脑中，并通过信息梳理和加工，生成记忆。

根据品牌策略的重点，品牌给消费者第一印象是有侧重的，需要对具体品牌定位和策略加以区别、分析。有些品牌会有明确的形象特征，视觉就会更为突出，因而在销售场合，这种印象容易识别，品牌在视觉上留下最鲜明和重要的印象。而有些品牌侧重于给消费者带来心理和情绪上的影响，十分感性，更容易形成带有感情色彩的品牌印象（如图 4－3 所示）。一些品牌的优势在于更好的产品体验感，因而产品就成为重要的策略核心，而有些品牌的成功则是由强大的媒介舆论所推动的，善用广告就是不二法门。

图 4－3　HERMÈS（爱马仕）

爱马仕（Hermès）是世界著名的奢侈品品牌，品牌在视觉上突出其奢侈品特征，大面积的色彩与精致的产品展示，相辅相成。在视觉上给消费者明确的产品印象

ZARA 品牌在消费者心目中，留下了快速、时尚的品牌印象。2015 年的彭博亿万富翁指数（Bloomberg Billionaires Index）显示，西班牙的亿万富翁阿曼西奥·奥特加（Amancio Ortega）在净资产上达到 715 亿美元，他超越了巴菲特，成为全球第二富有的人。这是奥特加自彭博发布亿万富豪指数以来第一次名列第二。在 15 年的排名上，阿曼西奥·奥特加年内第二次超越墨西哥富豪卡洛斯·斯利姆成全球第三富豪，资产为 680 亿美元。快速增长的财富

与ZARA品牌的有密切关系。ZARA品牌在服饰领域做到了十分突出，品牌反应快速，给消费者带来极高的新品体验频率（如图4-4所示）。在通常情况下，ZARA在一个星期或者几个星期里面就能提供市场上最为时尚的服装产品。从设计到生产再到成衣上架，这一过程被控制在四到五个星期内完成，品牌的反应速度比消费者意识的要快。同时库存很小，ZARA的配送中心基本上没有剩余库存。而作为消费者来说，如果看好了一件ZARA的服装，但没有拿定主意是否立即购买，那么极有可能回过头来，下定决心购买并再次走进店铺的时候，这个款式的衣服已经下架了，这也促进了产品的快速消费。为了避免遗憾，顾客在消费心理上变得更为积极。

图4-4 ZARA品牌专卖店

ZARA给消费者留下了快速、时尚的品牌印象。从设计、生产到成衣上市，品牌有快速高效的营销流程，顺应市场的快速变化

4.2.2 领先品牌和跟随市场

全球范围内，零售品牌中的佼佼者们都具有独到的经营理念，这些理念伴随着品牌成长，使品牌在市场中保持常青。领导品牌正是这样的一个类型，它们有突出的理念和观点，能够独立思考，而不盲从，具有在该品类中表现突出的典范。

在铃木敏文①所著的《零售心理战》一书中，描述了品牌开创市场，寻

① 铃木敏文是全球著名便利连锁企业7-11的创始人，《哈弗商业评论》评价其为“融合了东西方管理精神的最佳典范”。

找市场先机的经营理念。

> “在物质过剩的时代，消费者热衷于新鲜事物，因此一味模仿他人的‘第二条泥鳅’已经难以溅起太大的水花。在物质匮乏的年代，柳树下的泥鳅。如果看见别人在一个某地方捉到了泥鳅，赶紧跟随其后，在同样的地方尝试捕捉的话，也是有可能成功的。实际上，一些著名企业正是凭借‘第二梯队的模仿战略’成功起家。但是，到了连柳树下一条泥鳅都没有的时候，这种模仿战略就已经不再适用了。经营者要掌握‘销售力’，依靠自身的力量去寻找第一条泥鳅。”

市场中不乏跟随者和模仿者，但他们都无法成为领导品牌。简单地模仿和跟随别人是一种从众的普遍心理，基于便利感、安全感和惰性，人们不愿尝试新的方式，寻找新的变化。而市场中，不断会有后继者试图依靠复制和简单模仿来攫取成功。在初期的市场中这的确是一种简单有效的方式。但市场的脚步正在加快，市场变得更为成熟，这越来越难以奏效。如果不打算开创一种新的品牌局面，仅仅依靠模仿获得品牌生存和发展机会，在未来只能不断地被动适应市场，而品牌价值因为缺乏突出性，因而也无法提升。

在市场中，一些品牌引领了市场观念，而其后的很多竞争品牌都在苦苦追赶，并试图超越。三星手机曾经通过法律途径试图解决技术产权纠纷，在舆论上赚足了注意力，但其销售情况并不理想，现在，三星手机的市场份额在快速下滑。三星品牌的新产品在不断推出，试图挽回市场信心，这被看作试图改变市场跟随的努力。

苹果品牌在近期的二级市场研究报告中也显示出国际投行对其价值认识上的分歧。在瑞信把苹果公司评级从“跑赢大盘”下调至“中性”后，美银美林也同样把苹果评级下调至“中性”。但摩根士丹利认为这次苹果股价不会出现这么大的波动，并给出了信心十足的理由，他们认为当苹果迈向下一代iPhone周期时，毛利正在提高，而不是出现下滑。另外，也认为苹果有更加具有竞争力的产品线以及比Android（安卓系统）“更具黏性”的生态系统。摩根的评估是出于品牌的领先性，而这一点暂时没有其他品牌能够代替。

苹果品牌迄今为止是电子产品中的领导品牌。Graphic（图形）网站绘制的图标，描绘了从1980年苹果股票上市到2011年发布iPad 2为止，苹果新产品与苹果股价对应纪年表。在2001年，苹果公司发布了iPad音乐播放器，逐步建立了在消费电子市场中特立独行的完美产品形象，市场给与好评。在2007年第一台苹果手机iPhone的面市更加促使市场对苹果品牌的认同。市场是不断变化的，消费者的需求也在持续变化。苹果品牌早期，iPad音乐播放器的推出提振了当时的市场，这种高容量、外观设计精美的消费电子产品给消费者带来了新的感受，新的市场打开了。而之后更多的全新产品进一步建立了市场的信心，消费者从对产品的好奇心和兴趣，逐步发展成为坚定的品牌拥护者。

在制定产品策略上，品牌有两种选择，要么成为市场中的领导品牌，或者追随优秀品牌。如果确定要做到前者，成为在消费者记忆中排名第一的品牌，则要有创新的品牌定位和卓越的策略，这是成为领导品牌的重要一步。

走进零售卖场，在货架前能数出以下领导品牌，红牛、可口可乐、雀巢、奥利奥、高露洁等，它们都具有共同的特征，这些品牌是同类产品中的突出者和优异代表。在消费者心目中，它们能够在第一时间迅速闪现，是该类别产品的替代性词汇。如红牛品牌是功能饮料的代名词，人们提起功能饮料，就会首先想到红牛；雀巢品牌是速溶咖啡的代名词，提起速溶咖啡，消费者就会第一个想到雀巢。同样，奥利奥品牌是巧克力夹心饼干的代名词，而高露洁是牙齿健康的代名词。之所以这些商品能够成为一个品类商品的佼佼者，原因是它们最终在消费者心目中确立了在这一品类中的最出色的形象。

领先品牌提出一种新的需求，并使之成为未来的主导性市场需求。王老吉品牌从最初的地方产品发展成为炙手可热的大品牌。其卖点“怕上火”成为品牌需求的独特之处。在此之前，这个需求并未被强调过，也并未推出过。品牌因而具有开创性，品牌体现的这一需求具有突出的实际意义，并且是普遍性的。

在同类商品中，品牌要成为强者，必须做出最明确的阐述。领导品牌需要积极面对市场竞争。在零售品牌的市场竞争中，没有哪个品牌会甘拜下风，它们总是伺机而动，寻求一切机会成为市场中的佼佼者。成为领导品牌会占有更大的市场，也因此会面对更大的挑战，而弱者被市场淘汰，让出自己的市场份额。领导品牌会受到消费者追捧，也会受到同类品牌的竞争，因而只有不断地改变策略，制定最能够触动消费者的方案，才会保持这种领先。“我们不生产水，我们只是大自然的搬运工”，这是农夫山泉矿泉水提出的口号。这句口号不同于市场上众多同类产品提出的“纯净”概念，也区别了添加矿物质的饮用水产品形象，这一阐述符合了当下人们对于天然、纯净概念的最动听的理解。

在《定位——一场头脑之战》中，里斯和特劳特指出，在这个沟通过剩的社会里，最好的方法是采用极简单的信息。在构思品牌的核心信息时，我们往往需要回答这样的问题——品牌的核心表述是否足够的简明和清晰，是否做到了与众不同，是否真实可信。一个品牌如果与同类品牌相似，例如阐述方式雷同，那么这个品牌在消费者心目中就缺乏价值，而不具有领导性。消费者记住的是那些真正不同的品牌，它们在市场中阐述了不同的观点，具有代表性，拥有不同的阐述方式，给人以新颖的语言特征，因而触发了消费者的需求。

4.3 差别定位

> 我们与喜欢的人进行沟通展示，经过一段时间之后，一种共同语言逐步形成，帮助我们定义什么是价值，什么没有价值。
>
> ——詹姆斯·哈金

4.3.1 目标与市场

每个品牌都希望自己变得非常强大，不少的企业家都认为自己掌握了打廾市场之门的金钥匙，然而事实并非如此。只有极少数信念坚定，从多样的市场情形中找到自己的轨迹，对市场和消费者认真研究的品牌，才有可能做出正确的品牌决策。

管理顾问贾森·詹宁斯在其所著的《大处着眼小处着手——伟大的公司如何创造卓越的业绩》一书中，总结了其丰富的公司咨询经验。贾森·詹宁斯指出，那些盲目地进入市场，试图满足所有人的所有需要，并且试图与所有人竞争的做法是很莽撞且致命的。

在市场的海洋中，我们面对的新情形永远是层出不穷的。市场中成功的品牌不少，而失败的品牌则更多。这似乎一直在遵循着“二八法则”[①]，市场中胜利的品牌只是少数，而多数失败的品牌则悄无声息地从市场舞台上消失了，甚至什么都没有留下。

---

① 巴莱多定律，由19世纪末20世纪初意大利经济学家巴莱多最先提出。

一些企业管理者会满怀憧憬地畅想品牌蓝图，夸夸其谈自己的企业愿景和品牌梦想。一位陶瓷卫生洁具品牌的企业家这样信心满满地说，“我们的品牌将会和 TOTO① 一样，而且我们会很快超过他们”，接着他阐述了大而无当的经营理念和产品设计。从产品角度讲，这家企业无论在产品的外观造型，还是在使用功能上都存在一些关键问题，更不用说消费者会进一步认同品牌。当听到这样的空洞见解时，就可以初步断定，这家企业还没有认清自己的定位是什么。很显然，它没有站在消费者角度思考问题，也并不理解市场的真实含义是什么。在没有清晰的市场判断情况下，产品的创造没有目标，缺乏市场竞争力。

品牌确立怎样的理念，选择了什么样的定位，是从市场的现实情形中探索得出的。只关注曾经成功的品牌，在品牌视野中只看到品牌的成功模式，这就会产生错觉，下意识地以为按照某一种逻辑进行思考，或者参考一种成功的方法，照搬一种成功的品牌形象，也会取得同样的成功。这种思维当然并不会使品牌受益。简单复制成功策略或许在短期内能够使品牌获得一定的利润，但在经历了短暂的获利后，仍然需要考虑品牌的定位问题，而这对品牌而言会是十分剧烈和痛苦的。

品牌把握新的消费理念，做出敏锐的判断，在定位上要有差别，不屈从于市场中的盲目认识。“有很长一段时间，阿里巴巴的模式都不被人看好，这是又惊又喜的一件事。有时候，不被人看好是一种福气，正是因为没有看好，否则的话机会肯定不属于我。”马云在谈到阿里巴巴的战略上这样说道。

品牌定位在做法上像游动的鲦鱼一样，对成功品牌做出效仿，因而无法成为真正意义上的成功品牌。德国动物学家霍斯特在研究这种鱼的行为中发现，鲦鱼个体弱小，常常群居在一起，它们的领导者是其中最为强健的。如果这只领头鲦鱼行动紊乱的话，其他鲦鱼仍然会盲目追随。在零售消费品市场上，电子消费品类中掌上电脑成为一种趋势的时候，全球各大品牌纷纷推出了自己的产品。这些产品都在不同程度模仿苹果公司的 iPad 产品，因而大多数产品表现平庸。至今，能够留在消费者心中的经典产品仍然是苹果公司的 iPad 品牌。这正如鲦鱼一般，尾随其后的品牌在市场中很难取得大的成功。

① TOTO 公司，日本人大仓和亲 1917 年创立的陶瓷品牌，在卫生洁具方面，TOTO 的产品以其卓越的功能和极高的可靠性著称。

这似乎成为一种普遍现象，很多大品牌无法摆脱这一局限性。从销售上看，品牌受利润驱使，忽视了品牌的差别化定位。一个龙头产品的出现撬动了消费市场，形成了巨大的新市场需求。显然，这个市场并不会被某一个品牌所独占。在这样的机会面前，众多跟随性的产品蜂拥而上。对于后者来说，如果不参与到这个市场中，就会失去眼前的利润。因此为了获得市场利润，创造短期产品，以填补剩余市场。这种行为并没有帮助品牌自身获得长足发展，仅仅是短期行为。在短时间内获得了年报上漂亮的数字，而损失的则是品牌的长期价值和目标。随着市场短期爆发后逐渐地走向成熟，用户需求会呈现分化，模仿者也会逐渐退出市场。

4.3.2 品牌焦点

> 在信息爆炸的时代，不等于信息的传播、信息的取得是有效率的。定位理论的核心点，就是在面对市场的情况之下，如何使得这个信息机制更有效。
>
> ——吴敬琏

凸透镜在阳光下能够聚集光线，集中能量。零售市场中的品牌面向了消费者，我们应该考虑到的问题之一是建立一个有效的品牌机制，如何让品牌成为消费者关注的焦点。

> 聚焦品牌，关注以下几个方面：
>
> - 形象焦点；
> - 产品焦点；
> - 概念焦点。

品牌出现在市场中，散乱的诉求和品牌目标不会给消费者留下清晰的品牌形象认知，因而有必要制造出明确的品牌焦点。品牌提供给消费者明确的焦点信息，消费者才会感受到强烈的印象，形成记忆，接下来调动需求。

要做到制造品牌焦点，使消费者聚焦于品牌，在阐述品牌定位核心策略时，以最简明的语言进行阐述，切记使用复杂的陈述方式。如果能够使用更简明的词语，就不要使用长句式。简短有力的句子更能帮助品牌在嘈杂的市场中传递品牌信息。

成功的品牌总是采用了更为简单的阐述方式。这一点，我们能从广告语的表述中看出。例如，人们能准确地说出耐克的广告语——“Just do it”。这句话的确足够简单明了，在句式和语气上短而有力，它的句式和词语的连贯性都十分出色，语义上准确有力地代表了品牌。这句话同时也传递出一种直接的、富有行动感的品牌理念，非常容易被识记，形成了一种明确、响亮的效果，有很强的品牌存在感，因而构成了品牌的焦点。

雀巢全球集团董事长包必达这样认为：“品牌是我们公司的命脉。消费者是通过我们的产品了解雀巢公司品牌的，因此要继续成为全球领先的食品企业，我们就一定要尽可能地贴近消费者，无论在何时何地都要为消费者服务，不断给消费者提供更多数量和品种的产品选择，使他们更加了解和信任雀巢这个品牌。哪里有消费者，哪里就有雀巢。”

雀巢是速溶咖啡中的佼佼者，每秒钟约有五千多杯雀巢咖啡被全球各地的人们享用。但雀巢不只限于速溶咖啡，它提供给消费者的是存在感，基于它永远存在消费者的视线中，在食品、饮料领域，包括饮用水、婴幼儿配方奶粉、糖果、烹调产品、冰激凌等，均有雀巢的品牌存在。现在，雀巢提供了在食品大类别中的更多产品服务，而不仅仅是在传统的咖啡主业上。雀巢正在聚焦一个“营养、健康、幸福生活”的新定位。

在提及一个品牌时，从概念上无法准确地说清楚，这个品牌的优势和特点谈不上，就谈不上构成品牌焦点。因而，要有明确的品牌动机和目标。在这方面，树立典型的形象来告诉消费者，回答“我是谁”的问题。

1980 年，无印良品在日本创立。在企业家堤清二[①]的支持下，著名设计师田中一光先生在日常对话中提出了这个构想。无印良品这一品牌作为西友集团的自主品牌进行推广。它不主张所谓的突出品牌个性，不以诱导消费者喜好为目的，而是带给人一种朴素、平易的认识，以及“这样就好”的品牌印象。这与当时的消费市场中崇尚品牌化的观念有着截然不同的认识，因而在市场中十分突出、明显。以此确立起来的理念成为无印良品特有的品牌认知概念，与市场中其他的产品区别开来。[②]

制造一个产品焦点，与其他品牌区分开，尤其是与同类品牌有明确的区

① “西武流通集团”的首脑人物。

② 《无印良品》，无印良品出品。

别，这可以形成强烈的品牌印象，形成焦点。Bucket Feet[①] 是一个新的制鞋品牌，其创始人旨在通过艺术化的视角，拉近人与人之间的关系。他们创造了关于鞋的故事，其品牌推出的每一双鞋都有艺术家的设计故事在里面。而这些设计师来自世界各地，以此引起消费者的共鸣。年轻的消费者想要表现自我，通过穿着不同的帆布鞋来表达自己，并且通过社交媒体分享自己的故事，这反过来也为 Bucket Feet 品牌做了宣传。“艺术家主题”对于 Bucket Feet 品牌来说至关重要，这是它的存在价值，也是品牌策略的焦点。社交平台助力了这种存在感，Bucket Feet 品牌从一个特殊的角度做到了。这个新品牌有超过 12000 名的合作艺术家，在社交媒体上的粉丝共计超过了 2400 万，目前 Bucket Feet 已经累计融资了 1300 多万美元。

品牌给出了明确的焦点，消费者会意识到品牌的存在价值，才能够有一个明确的消费信号，对应的品牌形象会下意识呈现在脑海中的消费地图上。

对于初创品牌，寄希望于大而全面的品牌阐述，试图让品牌全线出击，无异于失去焦点。那些希望把多个理念都装进品牌中的想法是不切合实际的。这样做的结果只能是使品牌焦点虚化和弱化。在与其他同类品牌的竞争中，尽可能地避开重合的观点和市场切入点，不要人云亦云，而是保持品牌的特别之处，使焦点更清晰，才有机会脱颖而出。

4.3.3 品牌关键词

在品牌定位中，我们应提出什么样的概念，这些概念对于品牌来说又是否得当，这取决于市场和消费者对品牌的认识。消费者是否认可这个定位，与市场中同类品牌之间是否存在趋同感或相似感，诸如此类问题，都是品牌定位过程中要认真对待的。

品牌关键词的意义在于，把要阐述的信息简练地提取出来，这些关键词更能够代表定位的核心部分，它体现了品牌的核心意图，是品牌推向市场的动力，是面对消费者最为精确的关键性描述。

无论在策略上使用了什么样的表述，或者制造出新的概念，都意味着该品牌和消费者之间将建立起一种关系，品牌关键词成为说明这一核心意图的

---

① Bucket Feet 品牌于 2011 年成立，创始人 Aaron Firestein 和 Raaja Nemani 与不同的艺术家合作，通过艺术表现来诠释鞋履。

最重要的部分。

品牌关键词是品牌定位的核心词语，是品牌切入市场，打开消费者心智的关键。关键词的意义在于强调和突出品牌，使之更为直观。

> 在品牌定位概念中提出关键词，应注重以下几个方面：
> - 核心词语言之有物，不空洞；
> - 概念推出有唯一性；
> - 关键表述简明易懂；
> - 使用新的表述方式。

品牌关键词是消费者快速地认识一个品牌的核心，它直截了当地阐述了品牌。这也是品牌快速占领消费者心智的要点。能够提炼得出的关键词，它们与同类品牌能够形成鲜明的区别，符合消费预期，说明品牌形象是清晰的，定位是明确的、可行的。这样一来，品牌也更容易出现在消费者的购物清单上。例如，生产冰箱的企业会将产品指向一个关键词“保鲜”，这说明了产品最关键的使用价值，对这一概念的解读显得十分重要，“零度保鲜”则更为明确，更关键。

在产品推广中，专业性强的关键词会强调出专业感，容易被消费者理解为这个品牌是专业的。例如，在牙膏产品中，氟化物是一种必要的添加剂，牙膏中加入氟化物能有效预防龋齿。现在这种相关成分主要有氟化钠和氟化胺等，作用在于保护牙齿表面的牙釉质，使之不受损伤。但这种物质并非是人们日常生活中所熟知的，它并非一种消费日用品，“氟”在消费者看来是一种专业性词汇。在品牌宣传中使用这个词，“氟”一度成为牙膏产品的关键词，在广告中，宣传这个主题，以宣传保护牙齿，引导消费者需求。而随着市场变化，突出技术性和科技含义的关键词仍在不断升级。

感性的关键词会增强品牌的亲和力。农夫山泉矿泉水上市之初，把主题定在“农夫山泉有点甜”上，关键词是句子中的“甜”字。这一表达更为感性，是典型的味觉描述，这也完全不同于当时其他同类品牌的定位表述。当多数的品牌都重在表现清凉感的时候，“甜”这个字眼成为一个区别于其他品牌的关键词，因而显得与众不同，农夫山泉因此获得了上市之初的成功。现在，农夫山泉关键概念是“大自然的搬运工”，这一表述传达了天然概念，但表达依然是感性化的，更容易打动消费者。

在品牌定位时，一些关键词反映品牌思维与市场地位。在酒类市场中，茅台、五粮液等著名品牌一直是中国白酒市场中的佼佼者。茅台被称为国酒，这个词是唯一的，因而在市场中地位是唯一的。水井坊定位“天下第一坊”，与茅台品牌不尽相同，这个词“第一坊”是以地理发现为依据的。反之，曾经一度十分热闹的“年份酒”概念，成为一时的白酒营销滥用词，失去了关键的品牌特征，成为泛泛的宣传性词语，因而不具有关键性。年份酒乱象过后，白酒整体上仍旧处于品牌关键词匮乏的状况中。

从产品本身条件出发，关键词的提出应是有产品依据和参照的。任何毫无事实依据的所谓关键词或者杜撰的空洞词语都因言之无物，而不应称其为关键词。这样的词语，不仅不会打动市场，还会让品牌信誉受到冲击。品牌因长久而成，因而，关键词应该是真实可信、言之凿凿的。

关键词关乎品牌在消费者心智中留下的唯一印象，是品牌唯一使用和设定的，而不是被几个品牌同时使用，或者被其他品牌使用过。尤其在竞争关系的品牌中更不应该出现重复性使用。使用行业习惯性表述也仍然是不可取的，这种情形如国内白酒的表述，酱香、曲酒、二锅头等词语为统称的类型化表述，而不是品牌定位中的关键词。尽管是专业化的词语，如果应用较为普遍，形成广泛的产品印象，具有共识性，而不是专属的某一品牌描述，所以不具有唯一性。

建立在品牌基础上的表述言简意赅，尽可能地以极少的词语和字数表达。一个复杂的长句式会毁掉一个好的品牌定位。因而，关键词适合于精确的提炼，避免使用烦琐的文字陈述。王老吉品牌全年产值从一个亿左右到过百亿元，在定位上是从“怕上火，喝王老吉”开始的，整句共七个字。明确简练的关键性表述对品牌传播大有裨益，消费者能够清晰、直观地感受到这一品牌形象。关键词的表述是品牌和消费者之间重要的信息节点，拐弯抹角地表达使品牌传播变得曲折、复杂，信息转换损失了较多的品牌特点。

4.4 竞争定位

品牌如过江之鲫，每个品牌都力图重塑自身，改头换面。优秀的品牌往往将自己与消费者联系在一起，使产品价值观得以长久延续。

——马丁戈·德法布

4.4.1 品牌的竞争优势

品牌优势在哪里，寻找品牌优势正是品牌进一步自我认识的过程。在这一过程中，品牌发现了自我在市场中存在的意义和价值。

品牌优势的建立依赖于消费者对品牌的理解。消费者首先会从基本感受出发来理解品牌。感受是品牌体验的一部分，通过切身体会，具体地通过使用、品尝、操作等来感知产品，通过媒介传播、营销活动等产生印象，这些因素最终影响到品牌形象。而对于品牌中存在的问题，消费者虽然并不一定会说出来，但也会体现在直观的品牌认识上，产生品牌的负面认识也会在消费中反映出来。购买那些品牌清晰度更高的产品，购买媒介宣传更有力的品牌，而不是选择形象暧昧和宣传乏味的品牌，这确实是消费者的选择。

从品牌角度看来，缺乏感受力，品牌即便具有了某种内在优点，但与其他品牌相比，不够突出，也无法在市场中进行有效的展示，因而不能调动潜在的消费需求。品牌的优势在于成为市场中生存的强者，因而不能够脱离市场环境孤立地评价品牌优势，有必要结合品牌自身和品牌所处环境，综合性地加以分析。

品牌优势的评价来自于品牌自身和环境的不同方面：

品牌自身：

- 品牌市场占有率；
- 产品的突出优势；
- 推广和渠道；
- 品牌影响力。

品牌环境：

- 市场趋势；
- 消费者的现实需求；
- 消费者潜在需求；
- 品牌之间的竞争关系。

在衡量一个品牌究竟应该在哪个方面突出自己的优势时，我们要知道，在任何情形下都没有唯一一种成功的规则，没有哪一种优点可以借鉴以适用所有品牌。结合品牌自身的情形，找到品牌最有利的因素，使之到达消费者，这将是品牌的优势。

通过对品牌所处的市场环境研究，进而得出结论，将会有助于品牌更加全面的认识自身条件。如手表市场中存在的情形，曾经手表是用以看时间的重要实用装置，是随身的，而现在其实用意义却逐步分化了。手表读取时间的基本功能正在被替代，其最初的功能性在弱化。现在，人们不再单纯依赖手表这个装置来看时间了。即便在公共空间中，如公交站、地铁站、商场、机场等场所，电子显示屏上都有时间显示，宾馆大堂有世界各地的时间显示，楼宇电子广告牌上也会有时间显示功能，因而从掌握时间的角度，这一产品的实用性显然被削弱了。现实中，人们更多地依靠手机掌握时间，手机部分的取代了手表。这是一个变化，手机成为人们的随身设别，手表不再是了，市场环境发生了巨大的变化。手表作为一种产品，必须要获得新的优势才能够在未来的市场中生存。这涉及整个手表产业，具体到品牌，在市场变化中必然要及时地改变角色，适应这种情形，寻找到新的定位（如图 4 –5 所示）。

图 4 –5　斯沃琪手表

斯沃琪品牌的手表设计，抓住消费者的消费观念，以愉悦性和时尚感调动了年轻客户的购买热情

消费方面，受众的消费能力和消费意识在发生变化。新富阶层的消费需求显现出来，而年轻人对品牌的需求有着自己的看法。手表市场中新的品牌个性要素凸显出来，以适应需求变化。斯沃琪品牌凸显时尚，不断推出新颖、漂亮的个性产品，它不再是一个看时间的机械设备了，品牌在品位、时尚、个性和科技等方面寻找到了优势。

苹果公司的新款手表在市场上掀起了波澜，2015 年第二季度苹果 Apple Watch 智能手表的出货量为 360 万件，显然这已经不能用手表这一传统产品概念解释了（如图 4 -6 所示）。可穿戴设备的信息化特征使市场产生了新的变化。市场环境改变，品牌生存和发展随之变化，以瑞士手表为代表的高端品牌则从计时功能性进一步发展，走向了技术文化和高度工艺性，品牌的竞争优势因此明显地分化了。

图 4 -6 苹果手表

苹果公司开发的手表从客观上说已经超越了传统手表的认知，集合了智能化

即使在新技术层面，品牌也仍在角逐更大的优势。斯沃琪品牌的首席执行官 Nick · Hayek（尼克 · 哈耶克）认为苹果手表不过是一个有趣的玩具，但不是革命性的产品。Nick · Hayek 称苹果手表使用不到一整天就要充电，而且用户还会失去对自身数据的控制。他说："我可不想自己的血压、血糖数据被存储在云端或是硅谷的服务器上。"同时，Nick · Hayek 也对自己的品牌做出了阐述，斯沃琪的新手表电池续航时间高达 9 个月。斯沃琪还准备推出一款 NFC 手表，旨在替代信用卡。时尚的斯沃琪很明确地向穿戴设备领域前进了，而且目的在于要超越对手。

4.4.2 同类产品竞争

在市场中，没有哪个领域会显得彬彬有礼，同类品牌之间并不会相互谦让。品牌竞争有合作和同化，也有改变和突破，尤其在同类产品之间，必不可少的则是竞争关系。例如，打电话曾经是手机的主要和唯一的功能，从彼时的诺基亚的品牌崛起就可以看出来，而如今这种情形也在变化。现在，智能手机更倾向于多功能和智能化，已不再是单纯的移动电话。新的需求带动了新的竞争关系，守旧的品牌就会退出市场，而像苹果这样的品牌则成为了市场中的佼佼者。

自然选择之下，淘汰那些惰性强的品牌，生存能力弱的个体也会逐渐消失，而留存下来的是竞争中占有优势的一方。品牌竞争关系方面，如果不打算随时应对市场变化，没有做出明智、快速的反应，在竞争中会遭遇淘汰。就连诺基亚这样的品牌也不例外。因而认真对待竞争关系有益于从中找出自身优势，使品牌立于市场不败之地。

在消费市场中，针对商品的销售而言，货架上琳琅满目的商品体现了最为直观的品牌竞争关系。在消费者眼中，这表现出了商品的丰富性，而对于品牌，这是竞争性的。消费者决定购买哪一款产品，也就意味着会有其他的同类商品被排除在消费选择之外。最终，只有放进购物车的商品才是最后的市场胜利者。

竞争关系出现在不同的产品领域，在每个商品类别中，在这种关系都出现了，也有着惊人的相似之处。例如，王致和与老才臣是传统的竞争关系，他们有相似性极高的产品，如大块的红腐乳；在国内二锅头类白酒中，牛栏山和红星品牌是传统的竞争对手，他们通过广告宣传希望自己成为该领域的领导者；王老吉和加多宝在凉茶市场竞争中火药味十足，广告策略上针锋相对；可口可乐和百事可乐是传统的竞争关系；麦当劳和肯德基是快餐领域的竞争关系；优乐美和香飘飘在纸杯奶茶市场上是竞争关系；格力空调和美的空调在空调市场中竞争意味强烈。

理解消费者的选择，为什么购买了竞争中的一方，而放弃了另一方。例如，消费者在购买洗涤用品的过程中，可供选择的品牌会有很多，如蓝月亮、立白、汰渍等。那么，摆在消费者面前的问题是为什么选择其中的一款，而不是另外一款或N款。我们知道出现在消费者购物清单上就是最终的品牌赢家。因而，在这种品牌比较的过程中，品牌竞争优势要表现出来，让消费者看到、听到、体会到、意识到，消费者的购买动机就会产生，就会购买感受最深的那一个品牌。

处于激烈竞争关系中的同类品牌往往在某些方面是相似的。例如，在产品的功能上，大屏幕是手机的基本条件，几乎所有智能手机都有着大屏幕。这种相似性也在产品的形象上，或者在价格上反映出来。因而，构成竞争关系中，优势地位的品牌就需要有深入的品牌定位，能够形成区分。品牌要做到从激烈的竞争中脱颖而出，就要努力体现品牌的优越性，给消费者购买信心，以区别其他品牌。

在竞争关系中，优秀的品牌能够体现出深度需求，因而在同类竞争中有优势。2014 年中国啤酒产量为 4921.9 万千升，这个产量指标与上年同期相比下降了 0.96%，终结了国内啤酒行业连续 24 年的增长，这与进口啤酒的增速形成了鲜明对比。啤酒市场的分析报告显示，至 2014 年进口啤酒连续三年呈现出爆发式增长，2014 年增幅 85.59%，三年累计增长了 426.81%。进口啤酒的增长显然是受益于市场环境的变化，市场开放，消费者较以往更为方便的方式和更优惠的价格买到欧美各国的啤酒。在产品方面，进口啤酒从原料、产品工艺到品牌形象都令人耳目一新。因此消费者获得了新的体验感。而与此同时，国内一些啤酒企业在竞争中缺乏创新，形象保守，更倾向于通过渠道建设和促销策略等方式形成竞争，这并没有帮助品牌走出低端竞争的格局，同类产品的竞争仍很激烈。

4.4.3 竞争关系和目标设定

品牌在寻找市场中的位置过程中，要寻找一个适当的参照和目标，这个目标会是一个有竞争关系的品牌，是品牌未来的市场对手，与对手有着相似的消费者，也有着类似的市场，甚至在品牌形象和产品方面也是相似的。作为市场中的“敌人”，对方有着较大的市场份额，而这正是品牌要努力争取的。确立这样的品牌作为参照物，有利于品牌未来在定位中有意识地与之相区别，突出自己的品牌优势。

品牌竞争对手之间在几个方面有相似条件：

- 共同的市场环境；
- 价格区间相似；
- 目标受众重合；
- 产品形象趋同；
- 定位和概念相似。

竞争品牌在这些方面会有所重合，因而竞争态势显示出来，所以，要在更多的方面加以区别，有意识地与竞争对手区分开。

处于竞争中的品牌，对消费者来说，在品牌选择上，只会选择优势明显的那个，因而是非此即彼的。在定位中有意识地树立竞争关系，就是预先对比竞争品牌，开发自身的品牌优势。从零售产品选择的唯一性上讲，消费者购买了某个品牌的产品，也就意味着会放弃另一个品牌的产品。消费者选择了必胜客，就不再同时选择棒约翰了；选择了麦当劳，也不可能同时选择肯德基。意识到这一点，在定位中，就有必要有意识地突出品牌的某一方面，让这种优势足够明显，消费者无论从哪个层面，能够体会到对于自身而言的有利一面，就愿意接受这个品牌，将注意力和忠诚度集中到品牌上来。

讨论市场中的竞争关系，可以肯定，品牌要具有持久的活力，而不是被动的，必须先从自身做起，积极寻找有价值的竞争目标，设定参照系。这是一种积极的进攻策略，而不是防守型的。

在确定主动的竞争关系上，品牌要回答几个问题：

- 当前的品牌定位是什么；
- 谁是潜在的竞争对手；
- 构成品牌之间的这种竞争关系，处于哪个层面；
- 如果是针对具体产品的竞争，那么竞争的品类是什么；
- 形象方面，与竞争品牌的产品共同出现，哪个会看上去更加醒目；
- 用最简洁的词句说明竞争优势所在。

确定品牌之间的竞争关系，言外之意就是在树立品牌的敌人，在有些品牌文化中，这种意识的建立并不容易。在我们传统文化中，树敌本身并不容易被理解，也不容易被人接受。在遇到矛盾时，我们更倾向于用和解的方式去解决问题，而不是使用敌对策略。但在市场中，争夺消费者，吸引目标客户，竞争对手是不可忽视的对立面，因而有必要了解竞争对手，认清竞争关系的必要性。例如，我们要知晓竞争对手在使用怎样的策略，在制订怎样的定位，拥有怎样的形象。这能够帮助品牌尽快、主动的发现自身所长，确立优势。

认识目前的品牌地位，从竞争对手的弱点和不足之处对应找到品牌自身的优势因素，有助于确立品牌，找准市场定位。也就是说，竞争对手的弱点就是我们要加强的，是我们未来的品牌优势所在。

“当真功夫确立了以麦当劳、肯德基作为敌人时，提出了——凡是他们干的我们都反对。第一条就是把产品线重新进行规划，把真功夫所有油炸的食品全部砍掉。为什么要砍掉呢？是因为麦当劳在干，敌人支持的我们就要反对，这样我们就更强化中式蒸的营养的品牌定位。真功夫的品牌价值就是更有营养的美味中式快餐，才有了口号营养还是蒸的好”。叶茂中在其《营销的16个关键词》一书中这样描述了真功夫的品牌定位，即从竞争对手的分析中找到定位，确立的自己的品牌优势。这样做最大的优点就是强化了竞争关系中的目标感，去除了影响判断的主观因素，免受庞杂的市场影响因素，突出了品牌的差别化，这正是消费者认可品牌的基础。

竞争的实质是体现出品牌的差异。有些品牌的竞争领域十分激烈，品牌之间的差别不鲜明，多数品牌会拥挤在狭小的定位区间里，很难区分出孰优孰劣，竞争关系简单、僵化。例如，在厨房电器方面，老板品牌的竞争对手是方太品牌。对于消费者而言这两个品牌都是国内厨房家电的高级品牌。但究竟区别在何处，两者在广告中宣称领导品牌和销量第一，但这种区别太小了，两者的定位并没有体现出更大的差别化。这两种品牌的产品表述更倾向于词语的表述，而不是鲜明的品牌特征。又如在北京本地的白酒品牌中，牛栏山品牌和红星品牌各自描述了其关键词，他们中一个宣称是二锅头酒的宗师，而另一个宣传为鼻祖，差别性显然不够突出。

在与一些企业家们的座谈中，也时常会感受到缺乏目标感的品牌状态，充满了困惑。对市场中的竞争对手认识模糊。一些企业在形式上注重品牌竞争，品牌领导者注重了口号宣传，但对真正的问题——竞争关系，品牌对此缺乏深入理解，而忽略了市场中的排斥性因素，则无可避免地会导致品牌地位在未来动摇。同样，即便是一个具有某些优势的品牌，它的市场前景广阔，但竞争时刻存在的，如果品牌忽略了这层关系，忽视竞争关系和竞争对手，会影响到品牌决策的针对性，从而给品牌带来潜在的危机。

4.5 创新定位

在这个行业里，唯一不变的就是变化。

——萨拉·霍洛贝克，Luminary Labs 首席执行官

4.5.1 意识创新

品牌在消费市场上进步，有赖于不断的改进现有意识和行为，让消费者与品牌始终能保持密切的关系，这体现在品牌与消费者之间有很好的互动，两者之间有较好的黏性。

在建设持久发展的品牌问题上，星巴克董事长霍华德给出了自己的见解。在星巴克未来规划的会议上他提出了“三个必须”，即“必须要维持星巴克的企业家的基因；必须要对即将到来的未来保持好奇心，看到其他人看不到的东西；必须要有勇气和信念进行大的押注。”

星巴克中国与亚太区总裁则在具体策略上表达了看法。在星巴克五年规划发布会上他说：“中国和亚太市场上星巴克正处于一个转变时刻。”并提出了星巴克具体的革新措施，在星巴克的未来战略中要创造更多的顾客进店机会。要在细节上进一步创新，在日间营业时间提供新的产品，进一步提高门店的利用率。午餐供应新的食物，在下午茶时段则提供提神产品和小食。照顾到晚上时段，可以发展相关的茶产品。这些措施目的明确，是策略性的，是品牌的针对性举措。

着眼于未来的品牌，都在不断尝试品牌创新，在这一方面即便是优秀的品牌也从未止步。麦当劳逐步地带给消费者更多的新变化，这体现了它的发展战略。从店面形象上，麦当劳的色彩已经在发生变化。从鲜艳的红色、黄色将品牌色彩延伸为黑色、白色和黄色；新增了主营咖啡的品牌；在写字楼和办公密集区，麦当劳设立了独立的咖啡门店，这些门店售卖咖啡和小食，这是品牌涉足的新领域。

现在看来，面向消费市场的品牌，在对消费者的争夺上，随着品牌创新正呈现出新变化。星巴克的传统领域是在繁华商业区域和写字楼，消费对象主要是办公室的白领，而麦当劳更为亲民，在人口密集的生活和商业区都有

门店，两者都有各自的经营领域。现在，这种情况正在转变，星巴克在传统咖啡之外经营小食生意，而麦当劳在传统经营品类上增加了咖啡品牌，形成了新的品牌创新，促成了新的竞争格局。

品牌受到市场冷遇，失去市场地位，也促使品牌做出反思，寻找新的创新发展途径。在策略上做出不得已的改变。在市场中，品牌的生存环境和竞争格局显示了不利信号，迫使品牌经营者们开始抉择。具体的情况是，销售情况在持续恶化，品牌管理者开始意识到在哪个方面出了问题，需要即时地改变这种局面。

2015 年 8 月台湾智能手机厂商 HTC（宏达电子）宣布在全球裁员 15%，并将设立全新的事业部以促进高端智能手机、虚拟现实与智能生活设备等领域发展，以期获利增长。HTC 在智能手机市场上的份额已经降到了不足 2% 的水平，而其当前市值与 2011 年 4 月相比已跌去 96% 之多。分析师们甚至悲观地认为，HTC 可能没法在智能手机业务上东山再起。尽管在几年前，这个手机品牌还受到消费者的好评，品牌曾经也拥有不少的忠诚消费者。在宣传方面，电视、杂志广告媒体都投放了大量广告，并且还请明星做了代言，这些措施保证了品牌的存在感。不过这似乎并没有影响到零售市场中消费者的选择，消费者逐渐将注意力转移到新的品牌上。在零售市场方面，这个品牌并不是最便宜的，尽管部分消费者对该品牌抱有好评，但既有消费者在流失，品牌缺乏新意，品牌忠诚度改变了。

4.5.2 品牌的价值再发现

品牌的价值来自于消费者，而不是品牌的自我意识。我们说一个品牌是有价值的，事实上也是在说这个品牌是被消费者肯定的，是消费者喜欢的。因而，品牌有什么样的价值，取决于消费者怎么看，是来自于消费者立场的。

在策略中，寻求发现产品的价值所在，应该尝试思考以下几个方面：

- 消费者怎么理解产品？
- 消费者获得产品的渠道和心理是怎样的？
- 同类品牌的策略是怎样的？
- 品牌的哪个方面激发了人们的兴趣？
- 在消费者看来，品牌的新价值是否足够产生消费动机？

品牌被消费者认可，品牌的价值被消费者所肯定，品牌占有更大的市场，但没有哪一种品牌的价值能够永久保持，因此，需要不断地在各个时间段评价这几个方面，以确定品牌的价值是否僵化，检验消费者对品牌是否失去兴趣。

在零售市场中的无论哪一款产品，其品牌都遵循了一定的价值规律。在一段时间里，品牌备受消费者青睐，并且逐步占据有利的市场。但终究不会一直这样下去，市场中没有永恒的赢家，品牌需要增加新的价值，有新的内容，这样才会进一步巩固消费关系。反之，品牌和消费者之间的关系陷入了僵化，品牌逐渐失去消费者。如果品牌总是保持一味的原有形象，而没有新的理念、新的形象加入，价值就会萎缩。

对于生产产品的企业来说，如果不思考品牌未来，只顾及当下，就无法避免品牌遭遇淘汰的命运。在把握和改变品牌机遇上，注重发现新的成长点，发现新的价值优势，品牌会获得更多的发展机会。

那些能够不断满足市场需求的企业，始终在创造新的品牌价值。三得利是日本著名企业，创业百余年，销售规模约1300亿元人民币，超越麒麟品牌成为日本最大的制酒企业。在《福布斯》上发布的2015年全球家族企业百强榜中，这家企业是唯一上榜的日本公司。① 三得利的创始人鸟井信治郎经常讲的一句口头禅就是“试试看，不试怎么知道会怎样”。这句话被三得利家族世代奉为企业的“DNA”（如图4－7所示）。

当鸟井信治郎决定研发符合东方口味的威士忌时，遭到了周围的强烈反对，因为对于三得利来说，这是之前没有过的。周围的人都在提醒鸟井信治郎，要保持清醒的头脑，不要因为在葡萄酒方面取得了成功变得忘乎所以。这件事在三得利的品牌历史中有所描述。面对批评和质疑，鸟井信治郎回应到说“要让事业进一步扩大，还是守着这一亩三分地就此终老？试试看，不试怎么会知道怎么样。”鸟井信治郎在后来的回忆说：“当年，我之所以选择要酿造威士忌，是因为日本的实业家中，竟然没有一个人愿意去尝试。我就想实证一件事，那就是即使在日本也同样能造出威士忌来。”事实证明后来的

① 《福布斯》发布的2015年日本富豪榜上，三得利第四代传人佐治信忠紧随优衣库董事长柳井正、软银总裁孙正义之后。2014年榜单上也排在第三，2003年至2005年，曾连续三年位列第一。

三得利在为威士忌上创新，使品牌走进了新的领域，这种创新成功了。[①] 通过新产品，三得利发现了新的品牌价值。

图 4－7　三得利品牌威士忌

被誉为日本威士忌南北双雄之一的三得利品牌威士忌，通过不断创新，推出后取得了很好的市场评价

在有些时候，需要一种新的视角发现新的价值，这可能是针对一个产品，也可能针对一个形象。对这一产品或者这个形象进行新的认识，重新审视它，会发现新价值，重新找到这一对象在市场中的位置。

以 LOMO（列宁格勒光学仪器厂）相机为例，它属于被重新发现了新价值。在胶片时代，LOMO 这一产品的成像效果也并不算精美，甚至显得差强人意，不过在那一时期，LOMO 尚且可以勉强在市场中生存（如图 4－8 所示）。而进入数字影像时代，LOMO 似乎难逃被淘汰的命运。消费者对这种成像较差的产品不再感兴趣，取而代之的是数字照相机受到热捧。因此，这一产品逐渐淡出了消费者的视野，成为市场的弃儿。在 20 世纪 90 年代，几名欧洲摄影爱好者无意中发现了 LOMO 相机的一个新特点，使用这种相机拍出的照片，比普通的照相机成像效果在视觉上要夸张许多，而照片色彩也更为鲜艳，同时影像的周围看上去会比中间部分色调更暗，视觉上形成一种特殊的效果。这种奇特的效果逐渐吸引了更多的摄

① 鸟井信治郎研发调和威士忌。三得利品牌和 Nikka 品牌如今被称为日本威士忌酒的南北双雄。Nikka 品牌是竹鹤政孝在北海道创办，保持传统的苏格兰风味。竹鹤政孝曾助三得利开发威士忌酒，后因观点相左而自创新品牌。

影爱好者，这个产品因而又重回市场，受到小众推崇，品牌重新焕发出新的魅力。

图4-8 LOMO相机拍摄的画面

与普通相机不同，LOMO相机拍摄的画面给人以独特的视觉感受。这是偶然因素触发的品牌新价值，得到消费者认可

商品从生产线上被制造出来，成为一个产品之后被装入包装箱，经过仓储和物流，又重新被拿出来，被摆上货架，这时产品就焕发出了生命活力。货架上的商品，在于被消费者选择，因而要展现形象魅力，成为消费者购物袋中的幸存者，以实现作为商品的价值。

从定位角度来说，商品要达到这一目的，在从流水线上被加工制造出来的一刻，就以某种方式开始与市场互动，通过媒介传播品牌强调某种价值特征，而这个特征被赋予了需求意义，引导消费者选择。露露牌杏仁露一直都是为消费者喜爱的产品，这种细长形罐装饮料是乳白色的，带有淡淡的杏仁味。为了让人们在冬季因而能够接受这种饮料，冬季的品牌策略中提出了"冬天喝热露露"。"冬天喝热露露"这一策略找到了产品的新价值，为消费者提供了一种新的消费建议，启发了新的消费心理和消费动机。

4.5.3 新市场和新价值

"我们在品牌定位上应该更加明确的指出，品牌定位的创新性有着极大的意义"，经济学家约翰·加尔布雷斯这样说道，当改变观念和无须改变观念摆在面前，更多的人会认为证明改变观念是不必要的。

失去创新，无论是对于企业，还是对于消费者，都是一种难堪的局面，企业处于僵持之中，市场处于僵化格局，谁都无法制胜，谁也不能够打败对手，彼此的话语都是相似的，价值与理念陷于保守，这是一个毫无生机的市场，无论它多么繁华，市场容量有多大，我们都会看到很多品牌陷入局限性和保守，没有办法打开新市场。国内白酒消费市场，为数不少的品牌在宣传上沿袭的是类似的诉求和主题，策略上缺乏创造性和差别化，品牌之间的区分度不够明显，例如，在品牌诉求中体现情感，友情成为一个老生常谈的主题，朋友、家人的画面与品牌价值关系度并不高，也体现不出差别化，彼此都在做这样的需求引导，而这却是大众已经厌倦的，这让消费者感到品牌形象是概念化的而且又笼统。在有些时候，如果不加以仔细区分，的确会混淆某个品牌与另外一个品牌，甚至错把一个品牌的产品误认为另外一个品牌的产品。

创新性是品牌的优点，消费者能够根据从品牌出发的差别来做出选择。中国乳品消费量在近十年以年均 14.6% 的速度递增，不过消费水平与世界水平的差距还很大。这也预示着中国乳品市场空间仍很大。未来 5 ~ 10 年内中国乳品行业收入将保持 20% 左右的增长速度，但竞争也愈加激烈。娃哈哈营养快线产品上市，成功地确立了自己的产品区隔。“比果汁更好喝、比牛奶更营养”的产品广告语和“营养早餐”的品牌定位，发现了新的市场。

创新是一种主动探索，来源于品牌的意识，深入浸透在品牌的基因中。在创立一个品牌的时候，就有必要认真思考该如何有意识的塑造一种有创新性的品牌印象。这一定是基于市场中缺乏了某种消费需求，而做出的补充，它打开了新的市场。

无印良品的品牌名称从字面含义上可以理解为无品牌的商品（如图 4 – 9 所示）。“他致力于还原产品实用的形象，同时在生活和改善生活的物品之间维持合理的平衡。这一概念诞生于两个截然不同的立场的交汇点：无印（无品牌）和良品（优质产品）。”① 在创立这个品牌的时候，主要针对当时日本消费市场上人们对品牌的过度热衷，一些有识之士们希望淡化商品对于消费者的品牌意识，认为品牌不是太少而是太多了，因而希望以自然、简约的方式给出另一种生活选择。无印良品诠释了“无印”的形象感，倡导的自然、简约、质朴的生活方式也大受推崇。如今的无印良品，其产品种类有 7000 种左右，《福布斯》也曾经将它评为全球最佳中型企业品牌。这是一个新价值发现的典范，它找到了新的市场需求。

① 金井政明撰文《不求这是我想要的，但求这是我需要的》。

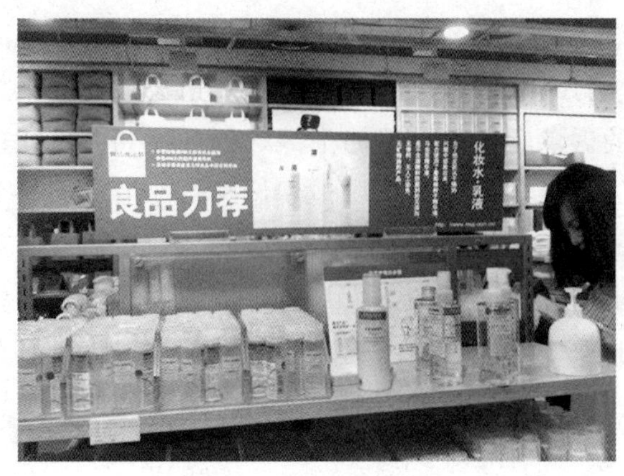

图 4-9　无印良品

无印良品的品牌以无品牌和优质为品牌核心，零售环境设计讲究，在品牌的每一个细节上都有别于市场中的其他同类品牌

新的市场需求是什么，这能够从趋势中找到答案，新的市场不是迅速出现的，而是在不断的需求积累中产生的。在多数餐厅以口味和价格冲击销售额的时候，美国休闲连锁餐厅 Panera Bread（帕尼罗面包）以提供新鲜健康的面包、三明治和沙拉等食品而闻名，现在它在美国和加拿大均有连锁店。Panera Bread 宣布推出的新菜单，它表示了拒绝添加人工添加剂。这意味着 Panera Bread 餐厅所提供食物中均不含色素、香料、防腐剂、甜味剂等人工添加剂。Panera Bread 表示，将去除 150 多种对健康有害的添加成分，包括阿斯巴甜在内——百事健怡已宣布停用该添加剂，以及发泡剂 ADC 的使用——瑜伽垫的主要化学物质，还有高糖玉米糖浆和猪油，停用后将其替换蔗糖素为新甘味剂，而其菜单上的其他饮料以安赛蜜代替原来的甜味剂。这是品牌推出的“清洁成分”倡议中的一部分。倡议中还包括禁止使用抗生素肉，以此呼吁善待动物。品牌从理念上顺应新时期人们的观念需求，体现出新价值。

4.6　优势定位

4.6.1　品牌的优势要素

戴一块手表的人知道准确的时间，而戴两块手表的人却不能够确定时间。这被称为萨盖定律，是英国心理学家萨盖提出的。通过这一理论，我们可以理解人们对事物的判断必然来自于一个标准，而不是多个，这个标准具有唯一性。

消费者对商品的判断需要评价标准，在没有明确标准的情况下，凭借日常经验，消费者很难判断哪个品牌会更好。而给出一个值得信赖的评价标准，就是品牌探索优势要素的意义。

建立有别于其他同类品牌的要素，是在提供一种具有价值导向的品牌信息。这个信息将显示出品牌之间的主要区别，把货架上的不同品牌区分开来，对消费者来说，能够根据需要选择最适合的品牌。例如，不含反式脂肪酸是某些面包品牌的宣传口号，这是一个标准，把消费者认为健康的和一般的区分开来。

如果没有突出的品牌优势，同类商品很难分出孰优孰劣，消费者面对众多同类产品，在品牌的比较和选择上将变得困难，这是同质化品牌最常见的问题。品牌没有明显的差别化，一些细微的差别不得不被放大，一些商品参数被刻意对比，甚至夸大其实际效果，消费者因而在实际情形中会遭遇购物困境，这些都是由没有明确的优势导致的。

具备优势要素的品牌在市场中表现了很好的消费引导性。例如，雀巢咖啡则是速溶咖啡市场中的主导品牌，消费者就会在选购速溶咖啡过程中，直接关注雀巢品牌；同仁堂是中药市场的领导品牌，消费者在购买中成药时会更认准同仁堂品牌。

优势要素是重要的品牌竞争力，成为维护市场份额的筹码。品牌在定位中确立的优势必然是自身独有的，不易被竞争对手轻易地模仿和复制。沃尔玛是全球性的连锁零售商，一直以来依靠低价从生产商处采购商品，降低中间环节费用，减少商品成本，因而其商品价格比市场中其他品牌更低。这是沃尔玛品牌竞争力的重要方面，也是其品牌的价值所在。

品牌的优势是比较出来的，因而确立品牌优势更针对同类品牌，突出在同类品牌中的自身特点。消费行为本身就是一个比较的过程。优势不够明显对消费者来说将会是一种困扰，消费者不得不花费更多的时间对商品进行细致的甄别和对比。而优势明显的品牌，则会快速地成为消费者的选择。显然消费者会倾向于快速地做出购买选择，而不是花费时间在琐碎的问题上。举例来说，在家庭选购烹饪食用油上，顾客为什么会选择某一个品牌而放弃别的品牌。对消费者来说，这个选择过程则就是在发现最具有说服力的品牌信息。那么，产品原料的安全性、产品加工技术、产品口味等，都成为品牌优势的一个部分，成为被比较的内容。通过比较，消费者会筛选出自己想要的品牌。

产品建立优势要素的几个方面：

- 品牌的功能优势；
- 品牌的材料优势；
- 品牌的视觉优势；
- 品牌的味觉优势；
- 品牌的听觉优势；
- 品牌的触觉优势；
- 品牌的概念优势；
- 品牌的心理优势。

从品牌的实用性和感受性出发，这几个方面能够帮助找到品牌自身优势所在。三洋镍氢电池2006年推出了Eneloop（爱乐普）品牌（如图4－10所示）。不同于以往的一些产品，新产品强调便利性和可反复使用的特征。作为一种功能性产品，在产品推向消费者时，考虑到适用于日常生活，视觉上以白色外观配上深蓝色字体标注，与传统电池外观相比，这款产品看上去更加别致，白色和蓝色的搭配为人们传递出环保的理念。

图4－10 Eneloop电池

Eneloop是三洋推出的电池产品，新产品强调便利性和可反复使用的特征。外观与传统产品差别化，形成新的形象优势

4.6.2 优势组合与加强优势

品牌强化优势因素也在于制造市场中的高门槛，确保自己在市场中的竞争地位，从而使产品或品牌与竞争对手拉开距离。

品牌需要不断地增加新的优势，使其具有复合性。以往，品牌通过建立一种优势就可以保持其在市场中的地位，而且这种地位能够维持较长时间，现在，这种情形正在改变，消费者对于品牌的认知更全面，也更立体，单纯的一种优势已经不能够满足需要了。

如果细心地看一下目前的市场，就不难发现，成功的品牌不在大小，往往具有更全面的品牌优势。例如，老干妈依托强有力的产品存在，为消费者提供了实惠价格、口味极致的产品。这是其综合性的品牌优势所在，包括了价格、品质、口味等。价格适中，口味经典，而品质始终如一。

突出的品牌优势往往结合了多种具体的优势因素。与大多数紧跟时尚趋势的服装品牌不同，这些年来成绩突出的服装品牌优衣库，在零售市场中占有了很高的份额，拥有稳定的消费群体和良好的口碑。优衣库品牌并不盲目追随流行趋势，而是始终专注于产品本身，平衡时尚性、功能性和实用价值。这些因素帮助品牌占据了综合性的优势地位。产品不仅在品质上值得信赖，而且适合消费者在各种场合的日常搭配。同时，从轻薄款的羽绒服到保暖性能高的内衣，科技含量也成为产品的一种重要优势因素。

市场中随时会出现追随潮流的产品，模仿品也会试图复制品牌的优势因素，因此单一的优势会随时被市场覆盖，甚至可能会被其他品牌快速取代。一时的优势并不意味着就会保持永远的优势地位，因而，品牌在建立优势时，优势需要持续加强和优化组合。例如，无印良品不仅在理念上有独到之处，在产品的开发上也十分突出，而且店内设计与众不同，各方面优势与品牌配合，即便广告诉求也很好地传递出品牌的核心价值，复合优势递增式地增强了品牌在市场中的影响力。

在以下几个方面，需要考虑品牌目前拥有哪些优势，而且要更进一步建立复合型的品牌优势需要对这几个方面做出更多的综合。

概念优势——是否拥有独特的品牌理念和定位，是否阐述得完整清晰。与市场上其他同类品牌在概念上有多大差距。

产品优势——根植于产品，产品体现出了品牌倡导的价值，品牌在产品细节上有比其他品牌更让消费者满意的细节。

形象优势——面向消费者，品牌给出了真正具有影响力的形象方案，这一形象能够植根于消费者心目中。

营销优势——制订营销计划，品牌的营销策略有效地针对市场，有助于品牌脱颖而出。

站在消费者立场，简易的品牌概念和低级别的优势容易被模仿。如果一个概念能够被轻易复制，那么这个品牌的前景就会出现问题。如果让消费者拥有更多值得期待的东西，这样的品牌会就更加丰满，形象更立体。简单概念不具有优势特征，长期来看并不能够深入人心，更容易成为一个消费噱头，随时有过时的可能。在建立强大品牌过程中，实际上会需要有综合性的优势因素来进行强化和巩固，使之更立体、更全面。这会给品牌带来多个保障维度，而不容易在竞争中被轻易地击垮。品牌在产品上建立起优势，这是一个方面，而复合型的品牌优势要求品牌在概念上也要有所显示，品牌提出的概念是不同的，为市场接受，接下来就应该在宣传上也保持优势，有鲜明的传播效果（如图 4－11 所示）。

图 4－11　苹果产品广告

苹果音乐播放器广告，该广告在推向市场时，受到了极大的市场关注。与同时期其他品牌的广告表现截然不同

消费者选购商品来源于兴趣点和注意力，而做出购买决定，这一行为则需要更多对产品和品牌的认可。在消费者心目中，人们更倾向于那些有多重优点的品牌。建立复合优势给我们提出了新的品牌要求，那就不能简单化地看待我们的产品，也不只是关注一个方面。例如，注重广告宣传，营销方案就更倾向于传播层面，这是单一的营销方案；或者有好的广告，会让人们感

觉到这个品牌有不错的形象。几个方面综合，品牌的优势地位更加突出。

多种满足感显然会好于单一方面的满足感。同时，在消费心理层面，任何消费者都不希望自己选购的商品被别人笑话，一次失败的购物有可能会让消费者在购物过程中对再次购买这一品牌产生顾虑。如果一个商品只有一个优点，消费者会谨慎选择，而多重优势的商品会给消费者带来多重的满足，更容易被接受，这使消费者在购买心理上变得更积极，在选择品牌上更主动，消费者接受品牌时会获得更多的心理满足和购买成就感。

5 品牌开发

“我相信，人的本质是可以搞清楚的。不过，这一本质并不是一种实体，它具有历史上一切时代人的特征。人的本质包括前面所论述过的、内在于人的生存中的矛盾，这一矛盾迫使人做出反应，以便找到解决矛盾的一种方法或途径。人在这种生存的矛盾中不可能是中立的、被动的。生活以及人之所以作为一个人的事实向人提出了这样一个问题，即为了达到与自己的同类和自然界融为一体的经验，如何克服人本身与外在世界之间的分裂？人必须在他生活的每时每刻对这个问题做出回答。不但——或者首先——用思想和语言文字来回答，而且也要通过自己的生存方式和行为方式对这个问题做出答复。”

——《在幻想锁链的彼岸》埃里希·弗洛姆

5.1 品牌命名

在产品投放到市场前，没人能够确切地知道品牌名称是否会成功，这是因为有太多偶然性。但商人们知道，好的品牌有助于产品销售或把不良影响降至最低，并且有些重要指标能预测如何使品牌成功，尽管有各式各样的命名风格，但在市场营销的开始阶段，就应该形成一种好品牌名称的共识。

——史蒂夫·里夫金

5.1.1 品牌名称的联想

给一个品牌命名，实际上就是在建立属于这个品牌的个性特征，这是建设品牌的第一步。消费者总是在第一时间关注品牌的名称，在头脑中思索“这是哪个品牌”，接下来，这种来自品牌的感受就会固定下来，吻合在与其相对应的名字上。最终能够接受的品牌，它的名称会成为记忆中无法替代的信号，是消费者和品牌建立密切关系的纽带。

在创建一个面向消费者的品牌时，要面对的第一个问题恐怕就是——这个品牌将会如何示人。这看上去是一个再简单不过的问题，然而，其中却蕴含着传递信息的重要问题。在面向消费者时，品牌以何面貌示人影响到消费者对品牌的第一印象。在这个方面，品牌的重要信息之一就是品牌名称，这是消费者接触品牌的信息来源。我们有可能先看到有趣的广告，也可能是首先接触到了产品，但不管怎样，都会回到一个问题上来，那就是——这是哪个品牌。

在讨论品牌名称问题时，要知道名称会首先被赋予一种感受性和想象力，这种感受会传递给消费者，它是品牌制订完整计划的一个组成部分。消费者会先听到或看到一个词语，这个词语就是品牌的名字，并且会对其有直观印象。如果听到“玫瑰”这个词汇，人们会想到什么？一定会想到温馨、浪漫和玫瑰花朵的形状，以及玫瑰红色。这就是来自词语的感受和想象，而品牌名称就会产生这样的辐射联想。

在消费过程中，品牌的名称会引导人们的记忆和联想，消费者在此基础上对产品和品牌有了进一步认识。例如，品牌名称让人们理解品牌想要表达的观念。格力是空调品牌，这个名字让人们感到有力量，也产生出对其品质的联想。

品牌名称一经推出，传播到消费者中间，引起消费者联想，调动消费者心目中的某些形象，触发了消费者对某些体验和经历的回忆，这些由名称触发的形象、事件等，会成为品牌认识的一部分。谈及大白兔奶糖，人们会想起大白兔奶糖的标识形象——一只活跃的兔子，而与此同时，人们也或会想起自己第一次吃大白兔奶糖的情形。这些记忆成为选择大白兔品牌的最好注释。

消费者会把名称与产品属性联系在一起。从名称上联系到产品的功能、造型、色彩等方面，也会联系到如舒适性、形状、大小等方面。对于食品的联想会包括产品的口味联想。例如，谈及红牛这个名称会联想其特殊的口感，产品的功能性和金色外观。娃哈哈是大众化产品，这个名字让人们联想到其主打产品娃哈哈矿泉水。宜家的名字让人们想到购买过的宜家产品，如台灯、家具等。

5.1.2 品牌名称的个性化和差别化

通过品牌名称，消费者能感受到品牌传达出的特定信息，成为消费过程中的依据和识别符号。在零售业中，优秀的品牌在传递明确的理念。从名称中可以看出，这些不同个性化的名称，在它们背后是品牌所代表的差别化形象和市场策略。

农夫山泉品牌旗下于2004年推出一种规格为550ml的功能性饮料，取名为“尖叫”，具体品种包括了“尖叫”运动饮料（纤维型）、“尖叫”运动饮料（多肽型）、“尖叫”运动饮料（植物型）三种不同类型（如图5－1所示）。这一品牌名称的命名大胆而夸张。“尖叫”这一词语本身直观而又夸张，有很强的感官印象，表现出极强的视听冲击力和产品个性，也与功能性饮料这一商品基本属性产生关联。在同类产品中，以“尖叫”命名的该产品在市场中做到了标新立异，消费者能清楚地记住“尖叫”这个名字。它能很好地传递品牌的市场策略，这个产品在当年的功能性饮料市场中有很好的表现。

图5－1 “尖叫”饮料

取名为尖叫，调动了消费兴趣，让消费者能够在选择产品时更加关注到品牌。在同类品牌中，这个名称足够与众不同，这一产品是很明确的差异化产品

品牌名称会对消费者产生持久性的影响，消费者会把一个名称与一个特定产品类型联系起来，这就使得品牌命名要坚持差别化，而不能趋同。以娃哈哈为例，尽管娃哈哈主导产品为矿泉水，虽然该品牌又有其他丰富的产品线，但仍旧有很多消费者会直接地把娃哈哈这个名字与矿泉水联系在一起。显然，这一名称与矿泉水这一产品联系更为密切，因而在矿泉水市场中，娃哈哈这个名字就显得十分重要。

为了使消费者更好地认识品牌，在品牌命名中，简洁的词语更容易形成差别化，更容易被消费者记忆，因而简洁的名称在消费市场上表现得更好。红牛是个经典的名称，这个名称足够简洁，消费者都能够记得住，也不会与其他同类品牌混淆。其他的例子如 IBM，这个于 1911 年创立的全球最大的信息技术和业务解决方案提供商，其业务遍及 160 多个国家和地区。IBM 是"International Business Machines Corporation"首字母缩写的组合。在任何相关产品中我们会看到的是 IBM 这三个字母，这个字母组合已家喻户晓。而如果和消费者说起"国际商用机器公司"这个名字，恐怕就会有，很多消费者不清楚这个复杂的词语究竟在指什么。复杂的名称识别度会降低，这就需要更为简明的易于记忆的形式，进行品牌识别语汇上的固定化。因而，无论是品牌名称的全称或者是简称，在实际应用中都是基于这样的传达要求而确定的。

在消费调查中我们也会发现，消费者在接受品牌的过程中会主观简化一个名称，将复杂的名称直接省略为几个字，以使这个名称更好记、更清晰。例如，消费者会将青岛啤酒简称为"青啤"，而省略了其中的几个字，人们也会在购买过程中将燕京啤酒直接简称为"燕京"，这样更便于表述，甚至会在一些场合将普通瓶装的燕京啤酒简称为"普京"——这恰和俄罗斯现任总统的名字是一样的。这个现象看上去很有趣，但应该引起品牌决策者的极大关注，品牌名称有必要足够简化。在消费过程中，品牌进入了一个新的诠释过程，名称的表述方式会被重新定义，这或许是很多品牌在推广之初并未想到的。

5.1.3 为品牌命名

企业的品牌名称是为企业专门开发和制定的，象征了企业品牌。企业命名的目的是对内形成品牌核心和对外传达整体的品牌形象。一个成熟而稳定的名称就是一张最好的名片，它伴随着企业品牌的发展而发展，其所蕴含的品牌价值会随着企业品牌实力的增强而得到加强。

IKEA（宜家家居）这个名字来自宜家创始人 Ingvar Kamprad（英格瓦尔·卡姆普拉德）的名字首字母（IK）和农场名字 Elmtaryd 和 Agunnaryd 的首字母（EA）。宜家标识在公司整个历史过程中几乎没有改变过。1967 年的版本一直是宜家的典型象征。这个名称同样也应用在宜家的各类产品中。

沃尔玛、家乐福是典型的零售企业品牌，它们代表了大型连锁超市，名字与消费者之间有密切关系。显然，去沃尔玛并不是为了看电影或者做别的事情，而是去购买生活必需品。

在产品命名上，需要面向消费者，选择消费者能够理解和接受的名称。潘婷让人们想到的是洗发水产品，欧莱雅品牌让人们意识到的是护肤产品。毫无疑问它们每一个都是成功的品牌，其名称都具有了一种十分明确的商品指向性。因此，我们会认为品牌的这种指向性越明确，那么名称所代表的产品在市场中的牢固地位就越会突出，这个名称对于消费者就有更大的意义，品牌就越会显示出其商业价值。

为商品命名，需要思考产品的具体属性和消费群体。比如在饮料类别中，脉动、鲜橙多是产品名称，它们代表了功能饮料和水果饮料，面向的消费者更多的是年轻人，词语因而更为感性。食品类品牌中，如奥利奥饼干、老坛酸菜面，都具有明确的类别特征。洗浴清洁类品牌，如飘柔、碧浪等具有鲜明的产品属性认知。它们直接面对的是目标消费者，满足消费需求，因而在命名时，这些名字要听上去更响亮，也更清晰，消费者能够在名称中感受到品牌价值。

美国朗涛设计公司的创始人沃尔特·朗涛这样说过，产品是在工厂中被制造出来的，但是品牌则是在人们头脑中被创造出来的。

这句话对品牌命名有着重要的指导意义。我们在制造一个品牌名称，也就是在消费者头脑中塑造一个形象。我们通常是这样认为的，蓝月亮品牌具有明确的形象感，它让人们想到了一种情景，包括了色彩感，蓝色容易将产品与洁净联系起来，月亮在视觉形象上足够明确，给人清凉感。这正是产品属性决定的。

那些有悠久历史的企业品牌，其名称具有深厚的内涵。品牌不断地经营这个名字，这个名字在消费者心目中长久地站住脚。同仁堂这三个字，不仅从字面含义中能够进行解读，同时这个名字象征了这家企业的品牌精神，历经几个世纪的考验，其理念和品牌内涵始终与字面如一，是值得消费者信赖的品牌。

商品的名称命名上有明确的诉求和命名目的。在命名中，明确、响亮的名字带给消费者清晰的形象认知。雪碧是在1961年推出的柠檬味型软饮料。“雪碧”一词发音自英语词汇Sprite，这个词原有妖怪、精灵之意，而以此作为商品的品牌，在构思上颇显独特。同时，雪碧产品有自身的品牌商标、色彩和图形符号，这与产品品牌名称一起成为这个品牌有力的形象保证。事实证明，在长期的品牌形象推广中，雪碧产品都有着很高的市场占有率。

5.1.4 命名形式

> 它可以拉长，但不能够超出某种极限。你把名字延伸得越长，它就会变得越脆弱。一个名字到底有多长呢？这既是一个经济学问题，也是一个判断问题。
>
> ——《定位》

为品牌命名，从本质上讲是在传递一个信息给消费者，把品牌的某种特质以最简化的方式呈现出来，而这种方式是文字的，也是以语音为基础的。因而，品牌名称在字面上要能够传递出品牌含义，在阅读上也应该十分简便。

在市场中，我们往往会看到这样一些命名类型。

- 姓氏名称；
- 借景物命名；
- 形容和描述性命名；
- 复合自造词语命名。

以姓氏作为命名方法具有悠久的历史，这与早先商品市场交易的兴起不无关系，因而这种方式极有可能是在以物易物的市场交易中产生的，那时人们通过姓名进行联络和物品交换。在交易中，建立的长久信誉使姓名本身具有了一种品牌特征，也具有了代表性，因此，有很好声誉的销售者，他们的名字成为一种销售的代表，逐渐具有了市场号召力。现在，品牌经过长期的经营与市场销售，积累了良好的商品信誉，而经营者的姓氏也会成为这个品牌的代表。

综合性运动品牌adidas，这个品牌的名称来自创立者的姓名，这是一个典型的姓氏元素的组合构成。在1948年，adidas（阿迪达斯）创办人Adolf Adi Dassler（阿道夫·达斯勒）用他的名字的Adi和Dassler中的三个字母组成了adidas这一品牌，将其作了品牌的名称。adidas的创始者Adi Dassler是运动员，同时也是一个鞋匠。这样的双重身份使他在一生中发明了数百种与运动有关的产品，其中有很多产品获得了产品专利。adidas之后逐步成为著名的体育运动商品品牌。

以姓氏命名的品牌并不少见，在19世纪50年代英国年轻人Thomas Burberry（托马斯·巴宝莉）创立了以其名字命名的Burberry（巴宝莉）服饰品牌。从Thomas Burberry在英国南部汉普夏郡开设了他的第一家服饰店至今，当人们提及Burberry，显然不会想到Burberry先生的外貌和长相，但在消费者脑海中，这一以姓氏命名的名称却代表了一个经典的服饰品牌。

以具体的形象命名也是最常见的方式。以某些景物的名称来命名品牌，源自人们对生活中美好事物的情感，人们希望借用这些美好的形象赋予品牌不一样的意义。这些形象的命名采用了人们喜爱的如花卉、植物、动物、景观等的名字。这会让人们快速地把品牌形象与对应的让人喜爱的事物联系起来，形成品牌与美好景物的关联。

通过形象生动的特征表现品牌，例如，以长城命名葡萄酒，以北冰洋命名汽水，以红牛命名功能饮料等，这些品牌的名称都与具体的地名、景物和形象有关系，这些形象指代了品牌，象征了品牌，人们从这些指代名称中获得一种典型、美好而又明确的视觉印象。

在形象化的命名类型中，借指、借喻的意味十分突出，长城的视觉印象是宏伟的，是中华民族的象征，因而有代表性，被用来借喻品牌（如图5-2所示），提及“北冰洋”人们不由自主地会觉得冷，这恰好符合冷饮产品。红牛是功能饮料，牛会让消费者感觉到力量、动力，这是品牌所期望的。农夫山泉品牌命名是由“农夫”和“山泉”两个名词构成，在词语的组合中，这两个词能够让人们感受到鲜明的形象，具有画面感。

通过形容性的词语表现品牌和产品。例如，回力牌球鞋是著名品牌，“回力”一词传达出的意思是十分明确的，这个名称和表现商品性能具有很密切的联系。可口可乐是饮料行业的常青树，当可口可乐进入中国的时候，公司对4万多个汉字进行筛选和分析，发现了合适的中文名字，因而有了现在人

图 5－2 长城干红葡萄酒商标

葡萄酒的命名以长城命名，在标志上也将长城和葡萄酒结合在一起，这种命名体现了品牌的内涵，有十分清晰的形象感

们熟知的中文名称——可口可乐。这个名字包含了可口和快乐的含义，清晰地对应品牌特质。

在使用什么样的词语问题上，复合词语构造相对复杂，词语含义更丰富。使用不同词语的一个部分，或者使用几个字组合，结合生成新的词语，这个词语属于自造词语，产生出的新词语具有新的读音和构成形式，是一种典型的新构造。新的构成形式是几个字和词的变化组合，在将原来的词语进行了重新加减组合后，新的形式体现出词语的复合意义，因而具有了品牌含义的延展性。

美特斯邦威是本土休闲服品牌。其产品定位为 16～25 岁活力和时尚的年轻人群，倡导青春活力、个性时尚的品牌形象，品牌带给广大青年消费者富有活力个性时尚的休闲服饰。其名称来源于五个字，美丽的“美”和独特的“特”，以及指代这里的“斯”，还有国家、国邦的“邦”字和威风的“威”字，这五字组合构成品牌名称，这个名字强调了多重含义。不过问题也随之出现，词语的构造显然有些过长了，品牌名称的长度超出了消费者的记忆和识别范围。因而很多年轻消费者把这个品牌简称为“美邦”或者“邦威”了。这是自造词语组合式命名中容易出现的问题。

5.2 品牌命名策略

5.2.1 遣词与用字

品牌名称是几个词或文字的组合形式，它在传达一个唯一性的品牌形象，因而，如何使用词和字来表现品牌，就成为品牌策略需要考虑的重要问题之一。

在考虑这个问题时，首先就要考虑什么样的字和词语能够成为品牌的象征，更能够代表这个品牌。

在文字和词语使用上，那些更具确定性的词语和字眼含义更明确，因而也是品牌名称中常用到的。确定性能够避免很多干扰，例如，避免词语的误读和多义性等。使用确定性较强的字和词，包括了几个方面。例如，使用读音准确的词语，而不是用多音字和词。同时注意字的复杂程度，另外要注意读音问题，是否容易读出，也要注意组合后可能出现的顺序问题。

在用确定性较强的字和词方面，可以从几个方面考虑：

- 字义——确定性的含义；
- 读音——容易发音；
- 字形——名称书写简便；
- 字数——名称的字数适中；
- 感受——符合消费心理。

品牌名称不只是一个构思问题，它的整体长度并不是很长，通常只有几个字，所以往往被认为是一类较为容易操作的品牌策略，然而，对这几个字的决定却并非易事。

在品牌名称的设计中，各种问题会不断出现，生僻的字和词会成为品牌传播的障碍。的确，在品牌的命名中不时会出现一些生僻字。一些品牌管理者长期以来热衷某些字面意思，因而会在命名上过多地投入自己的喜好和感受，将某些生僻的字或词应用在品牌名称中。但是这样并不一定能很好地传达品牌，更多时候，这种情况可能会延迟和阻碍了品牌传播，容易导致误读、错读。另外，生僻字眼容易显得与大众文化疏远，在消费心理上产生距离感。

在针对大众的产品中使用过于生疏的字，会制造情感障碍，不利于沟通，当然，也有一些特殊情况，某些生僻字眼带给人新奇感，引起了人们的兴趣。例如“囧”字，这是一个生僻字，但因为网络传播而被人们熟知，成为流行词汇，但是，在使用这样的生僻字时，仍然要做周全的考虑，作为面向大众的品牌，在命名上使用生僻字仍是要谨慎的。

除了生僻字之外，复杂的字也需要慎重使用。结构复杂的字往往笔画较多，视觉上影响识别性，影响快速识读。在一些情况下，这些字甚至会引起消费者的误读。我们从优秀的品牌中可以发现，这些品牌的名字通常很简洁，字形不会太过复杂。娃哈哈、屈臣氏、农夫山泉、可口可乐等，我们可以看到的这些名字，它们都由简单的词语构成，没有太过复杂的构造和笔画。

字数方面，究竟用多少个字命名品牌是可行的？这并没有十分固定的答案。尽管在这一问题上无法一概而论，但从实际应用情况来看，也能够明显地看出某些倾向性。品牌名称使用较少的字数，品牌传播效果会更好。通常情况下，品牌命名会在两个到四个字之间。农夫山泉、娃哈哈、屈臣氏、可口可乐、王老吉，这些成功的中文名字事实上都延续了这样一种常识性的做法。而过多的字数显得累赘，无法保持有效的阅读感，识别和记忆效果也逐渐递减。

一个不争的事实是，在制订品牌命名方案时，竞争对手的思维也是相似的，因而要有意识地注意区分名称，避免在同类品牌中有相似性。例如，在白酒细分类别中，品牌因为工艺趋同的缘由，一些产品的品牌名称经常以"醇""曲"等来表示产品的特点，不同品牌之间的产品名称很容易混淆，品牌名称差异化较小，各地的白酒品牌在理念到命名上重复和相似度极高，因而从品牌的识别上就会出现问题，这样很明显地降低了品牌传播效果。

并不是所有的消费者在购物过程中都有兴趣完成一个类似于填字游戏的名称辨别过程。因而，越加清晰和较为简明的名称更加容易在第一时间引起消费者的注意，也更容易让消费者辨识和记忆。

5.2.2 品牌名称的表现力

> 客户选择公司名称倾向于发音导向，而他们谈论的这家公司自己的看法却往往不同。公司自己是视觉导向的，为了提升名字的视觉效果费尽周折，却没有考虑到它听上去如何。
>
> ——艾里斯，杰克·特劳特

品牌名称不仅代表了品牌见解，也是消费者理解品牌的关键部分，是品牌识别的一个部分，它结合了听和说，也是品牌视觉传播的组成部分。

品牌名称是文字组成的，无论在名称中使用英文还是中文，都会表现为视觉上的文字形态，并且会以口中说出来的方式形成听觉识别。因而品牌名称必须从两个方面加以考虑——形式和读音，前者是品牌的视觉形象，是消费者看到的品牌名称外观，而后者是通过语音进行传播的，是语言交流中的品牌形象。

一个读音响亮的品牌名字其传播效果是不容小觑的。在消费者购买某个品牌的产品时，语言起着不容忽视的作用，是交流的重要形式。当消费者脱口而出某个品牌名字的时候，这个品牌的识别性就以听觉的方式传递出来。那些听上去清晰、有节奏感的名称让消费者能够更清晰地加以辨识。飘柔、潘婷、奥利奥、王老吉，都是听上去悦耳的名字。

品牌名称的表现力与语言和发音有关。在发音上，我们知道单个的汉字有四个声调——从一声到四声。如果单独看待这四种声调，这只是单字的读音问题，而没有太多的品牌意义。但是，在品牌名称中，组合后的文字形成了确定的品牌名称，因而已经不再是单纯的一个字或者几个字，也不是几个相互独立的字面意思，而是独一无二的品牌形象。在市场中这个组合代表了一个固定的品牌，是明确的产品和服务，因而这个品牌名称中的每个字就成为了这个品牌名称中最重要的部分，它们的发音就有了实际意义，每个字既是一个读音的单元，也是一个集合，形成一个读音的整体，有形式上的关系，也有含义上的关系。

通过名称品牌在创建自身的听觉优势。在我们读出“王老吉”这三个字的时候，显然它不再是三个毫无关系的单个字，而是一个整体，它代表了一个品牌，这三个字是有机的组合。在读出这个品牌名称的时候，起作用的不再是其中的某一个读音，而是产生一个由二声、三声和二声，三个字发音连续的阅读感，“王老吉”的识别性在读音形式上就体现出来。“娃哈哈”三个字的连续发音简明并且清晰，给人们留下深刻的印象。“养乐多”是专注于益生菌乳饮料的品牌，这个名字的确好听、易记，具有突出的听觉优势。“奥利奥”是一个好的品牌名字，在发音上带有很强的节奏感，具有明显的听觉优势。

流畅的读音会增加消费者对品牌的好感，晦涩和拗口的读音则对品牌产生持久的负面影响。作为品牌形象的一个部分来说，品牌名称的作用是持久性的，它不会轻易改变。一个固定下来的名称在任何时候都代表品牌，会经常出现在销售场所，会出现在广告等传播媒介中，也会成为消费者购物交流的重要信息。一经确立，无论有什么进一步的设想，都不再有条件改变。因而，在提出命名方案时，需要深思熟虑，读音问题应该被考虑进去，成为一个重要的命名评价依据。

品牌名称注重发音，一些问题容易被忽视。例如，生硬、拗口的读音要引起注意，因而要谨慎使用那些难于发音的字眼和词汇，另外，也要关注不同地域消费者的语言习惯，他们在发音上的特殊性也应有所考虑，并且也要注意品牌名称多音字问题，以及词语连读问题。

品牌名称的几类读音问题：

- 生僻字；
- 发音；
- 方言；
- 多音字；
- 连读。

在这些方面，品牌名称常常容易出现选用不当的问题，要尽量避免这些问题发生。生僻字在日常应用中不够普及，作为品牌名称可读性不够强。在多音字的使用上，消费者在看到这类品牌名字时，难以确定多音字的读音，难以判断多个发音中究竟哪个读音是正确的，因而会造成发音混乱，这对品牌识别是不利的。字与字之间的连读会使名称发音产生变化。同时，也要注意地方口音问题，例如，在有些地区，人们的日常语言习惯中，一些鼻音是难以被读出来的。例如，在一些地区，人们很难在读音上分辨出“en”和“eng”。

5.2.3 命名文化与内涵

意大利人阿奇加夏发明蒸汽压力咖啡机的同时，也发明出了卡布奇诺咖啡。在偏浓的咖啡中倒入发泡牛奶，咖啡的颜色便像是卡布奇诺教会的修士深褐色外衣上覆上的头巾，卡布奇诺因此得名。现在这种咖啡已经成为一个特定咖啡品类，每当提及卡布奇诺，人们就会联想到咖啡文化。

很多消费者会把小型的掌上平板电脑习惯性地称为 iPad，在这一类别的产品中，其中最为出名的是苹果公司的平板电脑 iPad。而在手机市场中也是如此，以 iPhone 为词尾的相关产品命名较为普遍，而苹果公司 iPhone 是市场中最受瞩目的，由此可以看出，品牌命名总会受到市场中强势品牌的影响，命名形式会不自觉地向强势品牌的文化靠拢。

给品牌命名会受到多重因素影响，这些影响既有来自市场的，也有来自文化层面的，包括人们的思维定式，因而一个品牌的名称总是会不经意间表现出某些文化特征。要想成为真正意义上的品牌，就必然要考虑到这一点，是否应该以新的思维方式构建一个名称，或者以某种文化为依托。

心理学研究表明，人们对于一个孤立的形象是难于形成持久记忆的，只有那些稳定、长期和关联的形象记忆会获得较强的认识。在命名中，品牌名称并非孤立的存在，而是品牌记忆的一个部分，通过品牌名称的传播，使消费者联想到品牌和产品，联想到品牌文化。

品牌名称的联想包括：

- 功能联想；
- 情感联想；
- 文化联想。

因使用的词语和文字的不同，品牌名称会产生多重的引申联想，消费者会从名称中感受到诸如功能性、产品档次，或者感受到一定的情绪性，以及感受到不同的文化信息。这些关联使消费者与品牌之间保持了一种更深入的交流，间接地影响到消费者接受品牌。

品牌名称与消费者的经验和感受联系在一起，从消费者的情感、思维、认识出发，有助于品牌融入消费者，形成共鸣。家乐福（Carrefour）于1995年进入中国大陆市场，音译后的中文名称更贴近本土文化，在中文名称中使用了“家”“福”这样的字眼，这对品牌价值观再现、融入本土消费文化有积极作用。美廉美连锁超市定位于普通百姓和物美价廉的商品，从品牌名称中就可以感受到品牌的亲民理念。7－11便利连锁店是数字构造的品牌名称，7－11的名称则源于1946年，在创业之初即选择上午7时开店营业，深夜11点关门停业的制度。[①] 数字的名称形式较为特别，容易识别和记忆（如图5－3所示）。苹果手机以iPhone作为品牌名字，因个性化而有明确的认知效果。苹果公司在遭遇危机时请乔布斯重新执掌企业，而乔布斯回来后大刀阔斧地进行改革，收缩了产品线，将手机命名为“iPhone”，

① 当时的日本政府行政机关指导店铺“缩短营业时间至傍晚六点”以及“周日歇业”，意在提高生产效率，确保从业人员的权益。但是，这种做法以卖方为核心，忽视了顾客需求。7－11从创业开始选择从早晨7点开始营业，深夜11点关门歇业，并在1975年起，启用全天候的24小时营业制度。

这并非传统上的字母加数字的电子产品命名方式，而是更侧重于个性化的产品理念阐述。

图 5-3 7-11 便利连锁店的商标

7-11 便利连锁店是数字构造的品牌名称，起初的理念源自营业时间从早 7 点到晚 11 点，以体现为消费者服务的意识

在定义品牌名称的时候，管理者们有时会优先考虑“我要表达什么”，这是我们经常遇到的情形。在多数情况下，管理者们更加关注品牌理念，在做法上使用品牌理念中的关键词语，把这些词语糅合在一起，形成品牌名称。这样做侧重了品牌理念的复合性，但忽略了消费者感受。在消费市场上，品牌要面向消费者，那么消费者有可能会看到一个古怪、蹩脚的新造词语，这个词语往往被填塞了多重意义，有可能包含一种《易经》中的某些思想，也可能融合了现代品牌理念，但这个名称听上去有生涩感，通常也不太容易读出来，与消费者有距离。显而易见这种情况没有以消费者立场为出发点，传播效果并不理想。因而，在命名上，仍然应该优先考虑市场情形和消费者感受，通过命名拉近品牌与消费者关系，调动消费需求。

5.3 品牌广告语

确定了品牌的语调和态度等问题之后，与目标消费者沟通就会容易得多，你也能立刻将自己与他人区分开来。

——迈克莫泽

5.3.1 品牌广告语的制定

有着百货商店之父著称的美国人约翰·沃纳梅克曾经这样说过："我的广告费有一半浪费掉了，可我不知道是哪一半。"这句话成为了至理名言，在实际情况中，确实有大量的广告费并没有起到实际的品牌宣传作用。

一方面是巨额的广告投入，另一方面是品牌需求的缺失。品牌没有进入消费者的视野，彼此之间取法沟通，即便是好的产品也无法到达消费者心智，这成为了一个问题。

一个品牌是否真正达成消费者的心愿，进入到消费者心目中，从品牌广告语中可以一窥端倪。在品牌策略中，一个重要的推广要素就是品牌的广告语。

品牌广告语可能是由短短的几个词句组成，但其地位却极为重要，它不仅反映了品牌的策略方向，是表述品牌营销定位，也反映了品牌的情商——如何建立与消费者之间的关系，如何与顾客沟通。"钻石恒久远，一颗永流传"表现了产品特质，"让我们做得更好"则表达了品牌的承诺。

品牌广告语深入浅出地传播品牌内涵，成为增加品牌与消费者沟通能力的重要内容。优秀的广告语，能扼要地表达出品牌思想，明确对消费者的认识，优秀的广告语真正做到理解消费者需求。在形式上，优秀的品牌广告语总是能很好地让人们识记，通过识记这个句式，品牌与消费者之间形成更具亲和力的关系。雀巢通过"味道好极了"的广告语给人们留下了亲和的产品形象。

广告语的开发计划是品牌在建立过程中的一项重要任务。多数品牌都会在重要的品牌会议上宣布这项工作，以显示其重要性。品牌广告语作为一个重要部分，往往被提到了品牌战略的层面。然而，一系列问题也会接踵而来，不少品牌管理者寄希望于一句精彩的广告语将品牌带到新的层次和更高的战略位置，也希望自家的广告语成为品牌的经典格言在企业内部被传诵。从这个立场出发，广告语被视为一剂品牌营销和形象建设的良药。但是，在内部调查中，被问及什么是品牌最明确现象的时候，品牌管理者们往往会有各式各样的回答，而对于消费者如何理解品牌这一问题，消费者的回答与管理者们也是有差异的，这就使得在制定广告语过程中，出发点发生偏移，管理者有自己的看法，而这却不一定是消费者立场。有时，品牌广告语最终确定下来，却显得空洞无物，在市场中没有引起共鸣。

通过认清问题，有助于完善执行品牌广告语的开发工作。

> 制定品牌广告语需要着手几个方面的工作：
> - 收集资料；
> - 充分调研和分析；
> - 整理关键词；
> - 设计表达方式；
> - 提出方案；
> - 验证、评估方案；
> - 推出广告语。

遵循合理的开发流程，对认清这项工作的科学性和重要性是有帮助的，同时意识到这项工作重要的开发依据——站在正确的立场和角度思考。广告语不仅是品牌要表达的意思，也是消费者的共识。

制定广告语，正确的立场和角度就是消费者的角度。

大前研一①在《思考的技术》中谈到："不是自己想说的顺序，而是对方能理解的顺序。"在品牌工作中，转变理解方式，品牌管理层能够站在消费者的位置理解广告语开发，那么广告语的表述和内容就越来越倾向于消费者，这样的广告语与消费者距离更近，更能打动消费者。

真正做到这一点，实之不易。零售品牌的管理者们下意识地以经营者的主观角度理解问题，制订计划会经常受到主观思维和立场的干扰，结果往往使广告语成为一个企业或品牌自我说明性的文字。在品牌推向市场后，广告语所呈现的品牌形象显得不够亲和，预期达到的沟通效果就减弱了。要想改变这一状况，无论怎样，消费者思维是不为过的，这对制定广告语有着重要意义（如图5－4所示）。

5.3.2 正确的表述方式

广告语本身在于内容，还是在于表述方式？

---

① 大前研一（Kenichi Ohmae），多家跨国公司的管理顾问。被英国《经济学人》杂志评选为"全球五位管理大师"之一，"日本战略之父"。

图 5－4　宜家的服务广告语

宜家的服务广告语随处可见，在这些句子的表述上，语气使用得当，表达清晰，尊重了消费者感受

广告语传播品牌，与品牌的标志、品牌的识别性色彩和品牌名称等品牌要素一样重要，广告语是使用简练的语言表达的品牌概念。品牌广告语因其灵活性和语言优势，不仅不是让品牌与消费者分割开，而是要使两者联系更紧密。

基于广告语表达的内容，制订广告语方案的过程中，在多数情况下，品牌管理的一方都是希望借助这样一句话能够全面地推进品牌战略，但却忽视了品牌广告语是整体战略的一个部分。在为品牌提出建议的时候，要面对企业这种急于求成和片面化的认识，引导品牌管理者们思考品牌的未来，对当下的品牌现状要有全面且客观的认识。

在定义广告语的过程中，平实的广告语更容易被消费者接受。消费者的日常会话中总是会使用更为平实和生动的词句，因而生活化的和口语化的方式有显著的沟通作用，更有利于品牌直达消费者心智。

广告语传递品牌理念，塑造出了消费者心目中的品牌轮廓。一个品牌需要在塑造亲和力的形象上下功夫，品牌广告语因其偏向于消费者习惯的口语，这会使之成为一个活跃的品牌要素。表述不是生硬的文本格式或对仗工整的格言，而是品牌理念的通俗化。宜家使用的广告语注重语言设计，广告语如同与人们的一般对话，给人平和的印象，而不是指令性的，或者过度夸张的，在卖场中，这种有意识的语句设计随处可见。

广告语开发的正确认识，这些方面包括：

- 尽可能使用短句而不是长句式；
- 使用较为常见的词汇；
- 广告语一定要有吸引力；
- 使用通俗的文字；
- 受众要听得懂；
- 广告语要说出顾客心声；
- 讲出品牌最大的不同点。

消费者在表达自己的感受时，习惯性的描述方式总是感性的，甚至是情绪性的，这与日常生活中人们之间交流是一致的。人们会从自身感受出发，在谈及他们购买的产品时，以及分享购买心得和交流品牌感想，使用的都是口语和感性词语，这是最真实的消费者立场。广告语要做到的是，让消费者能够感性的理解品牌，因而在构思的出发点和具体表述上，广告语与品牌带给消费者的体验应一致。“怕上火，喝王老吉”把这种关系结合在一起，品牌策略的出发点和预期告诉消费者的是十分统一的，核心突出在“上火”问题的解决上。

制定品牌广告语，表述上用消费者听得懂的语言，这是品牌广告语制定的重要条件，也反映了品牌究竟站在何种立场上，是以自己为中心，还是以消费者为中心。在广告语中，日常生活中的语言风格胜过书面语，人们更亲近那些生活中的简易句式。M&M 巧克力“快到碗里来”的语句，让产品表现得更加生动。脑白金品牌的“送礼就送脑白金”更为通俗，这些都是出众的品牌广告语。它们的表述贴近生活的真实面，遵循了人们日常生活中最为常见的表达习惯，更容易为消费者所接受。

日常对话的语言特点更倾向于交谈，而不是命令式，在广告语的正确表述上，同样不适合使用生硬的表述形式和语气。因而广告语的文字、句式上是轻松的，情绪上是明快的而不是紧绷的。在词语使用上并不一定要求十分的严谨和逻辑性，这与我们常规的理解并不相同。而修辞方式和语序上也较为轻松。那些真正能到达消费者心里的语言是没有过多修饰的，因而广告语的正确表述与书面语有一定的差别，更多的是以交流为目的，而不是单向的表达式。“巴黎欧莱雅，你值得拥有”，在表述上更近乎交谈，而不是指令。

口语化的表达能够缩小品牌与消费者之间的距离。口语化的品牌广告语具有天然的亲和力，更适合品牌与消费者之间的直接沟通。“要想皮肤好，早晚用大宝”是大宝护肤品的广告语。字面意思十分容易理解。毋庸置疑，从这个广告语中就可以看出这是一个十分亲民的品牌。这个句子在陈述上口语化，品牌广告语并没有按照通常的句式安排，而是以“假设和如果”引导，但用词上使用了“要想”和“早晚”口语化词汇。

品牌最大的不同点在哪里，那么就应该从这里入手，用平实的语句把这一点讲出来，告诉消费者，这是广告语要做到的。在零售市场中，同类品牌之间的差别体现在多方面，因而，在每一个方面都需要加强这种差别，才能够保证品牌的区分度，消费者对购买才能够有满足感。“快到碗里来”是M&M巧克力的广告语，与广告中拟人化的滑稽形象结合，这句广告语感性地表现了拟人化故事中的产品情节，显得很特别。

广告语一经推出，随即会成为品牌形象的一部分，如果此时广告语出现没有预料到的负面问题，品牌传播效果会大打折扣，这是广告语制定上要审慎的原因。在很多时候，我们看到的是，品牌管理者对字里行间的用字和用词的追究，站在品牌立场上，这会使品牌广告语过度偏向于表述品牌自身，而忽视广告语的核心含义，在指定广告语时，应当时刻提醒并注意广告语的诉求和表现力。

5.4 广告语的传播

客户选用出现在他们日常生活中的产品。当企业成功地找到自己的产品与消费者所处的环境相一致的地方时，企业才能成功。传统的市场定义手段，如产品类别或人口统计类别等，往往与消费者的生活背道而驰，因此并不能帮助企业成功与客户建立联系。

——克莱顿·克里斯坦森

5.4.1 广告语的表现力

品牌广告语一般是给消费者听和看的，因而这时广告语更是一种对外传播的方式。在广告语表述中，品牌需要积极地面对消费者，这一认识将会促使我们在广告语中寻找到语言支点，制造出一种语境。

今天，在微博上发表文字限定在140字之内，而据分析每条微信的平均字数为23个字。信息传播更加简短，讲求高效。这种信息碎片化的趋势似乎在告诉我们，品牌传播同样面对了表述性的限制条件。

广告语作为品牌传播的一个窗口，如果使用较为复杂的句式表述某个意思，在快速覆盖的海量信息中就会很难被保持下来。短短的一句广告语，需要准确地传递出品牌的意图，为消费者所认可，这就给语言本身提出了更高的要求，要求语言更具爆发力，更别致，更具魅力。而这种富有魅力的短句表述，将会营造富有感染力的语境。

广告语表现力的几个方面：
- 字和词的使用；
- 句式设计；
- 语言表达；
- 句子字数；
- 视觉形式。

在语言中，一种表述方式和另外一种表述方式之间的差别会有多大？从构成的基本形式到每一个具体的用字，以及整句的语言风格，都有可能使一句广告语的意味发生变化。如果要表达“喝一杯酒”的意思会有多种说法，比如“让我们喝一杯”，或者说“干杯”，以及“来一杯”或“来上一杯”等，这些表达方式的区别在于字里行间，因此会营造出不同的语言气氛，消费者会据此体会到不同的品牌语境。

语句注重表达技巧，语言魅力自然而然地会展现在字里行间。句子中精炼的措辞会打动受众。在推敲用字方面，我们来看一个经典的例子。“鸟宿池边树，僧敲月下门”的诗句出自唐代诗人贾岛的《题李凝幽居》，作者在反复推敲“推”字和“敲”的用字，通过斟酌比较，“敲”字显然更加符合整体诗句的意境，因而使用了“敲”字。

品牌广告语注重使用关键字来表达明确的意思，关键字是整体品牌创新的重点。在一些例子中，用字特点体现的十分明显。当消费者无论是听到或者看到这个广告语，句子中的关键字眼将是最能够打动他们的。农夫山泉矿泉水在推出之际，广告语“农夫山泉，有点甜”，这句广告语通俗简明，前者为品牌名称，后半句使用了三个字来说明品牌核心意思，其中的“甜”字给消费者暗示，即品牌侧重了味觉引导。

奥美公司的团队测试了用词、色彩和不同的设计元素，希望了解它们怎样才可能给公司带来更多的客户。结果证明，只要将客户注册界面的用语从“现在在线使用”变为“开始吧”，并且将客户启动的点击按钮颜色由橙色变为绿色，开户的人数就会出现明显增长。通过对比可以发现这两者的区别，显然后者更加注重用词的用户感受。

我们在宜家的品牌体验中也会发现，宜家品牌在不同类型的广告语中都使用极有亲和力的字眼和句式，这种词句的使用有很高的频率，几乎在每个宜家的产品销售区域都会有这样句子给消费者提供帮助。这些句子语气十分平和，并且如同朋友般体贴。其中绝不会出现“严禁”或者“请勿”这样的生硬词语。

“Just do it”是耐克品牌的广告语，在这句广告语推出之前的20世纪80年代，运动品牌巨头耐克和锐步之间的竞争十分激烈。耐克通过迎合男性消费者获得了一定的成功，运动鞋销售量取得了领先。但是耐克却和女性运动鞋市场擦肩而过了。1985年，重视女性市场的锐步品牌迎来了重要的机遇——美国女性有氧运动兴起，锐步的运动鞋空前成功。随后，锐步的营收持续快速增长，1987年超过耐克，成为全球第一运动品牌。无奈之中的耐克品牌委托了广告公司W + K（Wieden + Kennedy）希望为其构思一句品牌广告语，扩大品牌影响力。接受了这项任务的是Dan Wieden（丹·维登）。在提案的前一晚，Wieden仍然没有头绪，不过在最后一刻灵感垂青了他。而这个灵感来自一个看似最不可能的出处。大约10年之前，一个叫Gilmore（吉尔默）的杀人犯刑满出狱之后，很快又再次犯案。1977年Gilmore再度抢劫和谋杀了两人，而这两位受害者在抢劫中都采取了合作态度，但仍然被残忍杀害了。这一次Gilmore被判死刑，他是美国恢复死刑以来被执行的第一个人。整个案件引起了极大轰动。在他被执行死刑之前，执行者问其有什么话要说，他的回应极为简单，只是说“Let's do it”。“我清楚地记得，那晚看到这个事件的震惊感。不过这句话，尤其是当中的‘do it’这两个词让我忽有所感。”Wieden 表示说。之后在为耐克所做的广告语方案中，为了加强感染力和语气，他又在前面加上了“just”一词，意为“只管去做”。“之所以表达出这种洒脱的感觉，是想鼓舞女性投入到体育运动中。无论是竞技层面还是普通的健身，都不仅仅是男人的事。”Wieden 补充了这句广告语的意味。时至今日，这句广告语已经沿用了几十年，但其传递出的力量一直鼓舞着广大运动爱好者。

5.4.2 广告语的认同感

> 在纷繁芜杂的广告世界中要吸引别人的眼球越来越困难。年轻的观众越来越挑剔，他们厌倦了老一套。你越能准确地理解你在与哪个人群交流，你越能用有效的广告吸引那群观众。
>
> ——史蒂夫·兰斯

“让消费者从广告标题中看到利益所在”是奥美广告公司的提出的建议。广告语应该是消费者容易理解的，这一点在广告语表述中是必要的。广告语的描述越精准，能够把话说到消费者的内心，打动消费者，品牌认同感就会更加强烈。

> 消费者要通过广告语与品牌共鸣，心理上对品牌产生认同感，来自几个方面：
>
> - 品牌属性（功能、价格等因素）认同；
> - 触发了消费者的情绪共鸣；
> - 观念和意识的优越性。

广告语传递出品牌属性方面的信息，这将影响消费者的品牌体验感。而品牌传递出的某些信息要与消费者的心理需求产生共鸣，例如，在设计上、品牌氛围上达成与消费者的共识，消费者自然会以此为依据做出品牌选择。同样，品牌具有独特的消费引导力和价值趋向，品牌传递出的观念和意识是消费者崇尚和追求的目标，他们就会趋向于选择有价值优越感和理念优越的品牌。

从需求层面上推出广告语，能够唤起足够的消费认知，在同类品牌中，如果竞争对手从产品角度出发已经获取了较明显的市场关注度，并且在市场中已经占有了有利位置，那么再继续沿用同样的广告语构思，以同样的表述方式，就是不明智的。这时，不妨从其他方面入手尝试唤起消费者的心理共鸣，广告语适时地考虑给出新的购买理由。

智能手机普遍在向多功能方向发展的时候，产品逐渐趋同，而在屏幕尺寸上，当4.5英寸的手机显示屏之后，接着是5英寸和5英寸以上的大屏手机。因此，三星推出的大屏幕的手机受到青睐，消费者购买上有了新的动力。在苹果公司推出5英寸以上的 iPhone 6 产品之后，这种情况有所变化，市场再次倾向于苹果品牌。iPhone 6 系列产品在广告中使用的广告语是“岂止于大”（Bigger than Bigger）。更大的尺寸和全面的技术升级和服务都涵盖在这个“大”字概念中，这是一个新的购买理由。

在广告语中，突出利益关切，更容易获得消费者青睐。读懂消费者，反映消费心理，这样的广告语能够赢得消费者。真功夫快餐使用“蒸”作为烹饪手段，以突出健康、营养，“营养还是蒸的好”，突出了这种品牌特征，消费者从中找到了最关心的利益点。这一表述针对炸制快餐食品的烹饪，也是消费者更关切切身利益所在。麦当劳曾经推出了一句很好的广告语——“我就喜欢”。这句广告语表达了十分精确的品牌意向，目标消费者的针对性也十分清晰。这句话就似乎专门在是对那些处于青春期的孩子们说的——这个阶段的年轻人正处于思维和行为的转变过程中，性格我行我素，同时也具有逆反思维。而这正是品牌主题想要表达的，语言生动，情绪上形成共鸣，富有感染力。

5.5 品牌代言

整个文化就是一次会话，或者，更准确地说，是以不同象征方式展开的多次会话的组合。

——波兹曼

5.5.1 明星与代言人

品牌以多种途径传播价值和理念，代言人则从另外一个侧面影响了受众，这使得品牌更为真切和具体。代言形象通常就是生活在社会中的个人，不同之处在于，代言人有更大的号召力，吸引了作为普通大众的消费者。

品牌代言策略是一种巧妙的借势。品牌借助名人的知名度和美誉扩大了品牌的影响力，以此增强品牌在消费市场中的号召力。代言人大多是活跃在公众视线中的明星人物，相较于静态的品牌文字和识别图形，代言人是生动的个体形象，有表情，有生活轨迹，有事件性，更具吸引力。代言人是某一领域的出众人物，他们的一言一行都成为某一时点社会关注的焦点，能够吸引更多的人成为品牌拥趸。

在选择代言人上，每一个品牌都在遵循自己的价值观，代言人要符合品牌理念。奢侈品牌 Dior（迪奥）请来了黑人歌手雷哈娜（Rihanna）为其品牌代言，她是一位性感并且颇具争议的流行歌手。Dior 品牌将这位流行歌手作为新一任的代言人，这相较于 Dior 的套装优雅含蓄的风格，装束更偏暴露的 Rihanna 似乎有些大相径庭，不过她的个人风格鲜明，而且是巴黎时装周的常客，因此，品牌请其代言也不失为一个大胆的举措。Dior 在挑选代言人的时候倾向于明确的个人风格，品牌通过代言明星传递价值和理念。在不同时期的 Dior 代言人中，法国演员伊莎贝尔·阿佳妮（Isabelle Adjani），她的首次出镜是在 1985 年推出的香水 Poison（毒药）广告片中，之后她还出现在多部 Dior 的宣传片中。Dior 代言人中，也不乏男性。在 1966 年，Dior 聘用法国男影星阿兰·德龙（Alain Delon）作为男用香水的代言人。全球享有较高知名度，出众的外貌、传奇色彩，这均被认为是 Dior 品牌一直沿用的代言人标准。

品牌借助代言人传播以达到预期的营销目的。大品牌会借助与自己的品牌相当的明星，全球化的品牌会在世界各地搜罗名人为其代言，而区域属性明确的品牌会采取与地方名人合作。从品牌类型上来看，体育品牌则会更多的塑造激情、活力的形象，以精力充沛印象的名人代言，而时尚品牌会借助能够引领时尚话题的名人代言。妮维雅男士洁面产品“水活小蓝管”选择了郑恺代言，郑恺是活跃在银幕上的青年演员，有广泛的舆论影响力。品牌借此希望能够带动年轻人的消费热情，增加品牌在这一群体中的影响力，这是从具体产品的营销角度出发的。

市场和消费者需要更有吸引力的品牌。消费者会选择更有吸引力的品牌，那些经过媒体和舆论广泛宣传的品牌很自然地会优先进入消费者视线。通过代言，品牌从相对稳固的形象中脱颖而出，广告中代言人的言论和表演成为品牌最好的说辞。邓超为苏宁电器代言，很好地树立了苏宁电器的品牌形象，苏宁电器因而较之以往更具吸引力。

为品牌代言通常是具有广泛社会影响的公众人物，他们在社会文化传播上有明显的优势条件。代言人在某一方面有所成就，那么，代言形象与品牌合作，对品牌快速成长起到强有力的助推作用。在这一过程中，代言人展示出的视觉形象魅力、语言交流，乃至性格特征、生活态度等都能成为品牌借力的具体方面。李娜为昆仑矿泉水代言，昆仑矿泉水因而知名度得到很大提升。

代言是品牌获得成长和传播机会的一种途径，在社会吸引力和品牌吸引力之间，代言发挥桥梁的作用。品牌为突出形象，让消费者看到、听到和感受到，需要在策略中制造焦点，凝聚影响力，代言则达成了品牌的焦点转移，使人们从关注代言明星到关注到品牌上来。代言形象通过大众化传播，制造出大众影响力，聚集了大量的公众目光，代言人的个人行为和举动都受到密切关注。品牌以代言为纽带，将人们对代言人的关注转移到品牌上来。对于品牌而言，代言的最大价值之一就是产生足够的焦点，并促使这种能量聚集到品牌上。林丹为金龙鱼食用油代言，林丹的优异表现与代言的产品形成关联，这对金龙鱼来说非常值得。

5.5.2 代言策略

大的国际性品牌在代言上投入的费用不菲，代言计划也是庞大的，而中型和小型品牌则都在选择代言人方面要更多的考虑，要仔细考虑代言策略。就代言人的影响力上，世界性的影响力和区域性的影响力与品牌代言策略有关系，大品牌会关注更具国际影响力的代言人。代言方式上，根据品牌需要，制订具体的代言方案，执行的是短期的代言计划，会根据产品策略经常性的变换用代言计划，而一些品牌使用代言的方式则是相对持久的。

在制定代言策略上，用代言的方法来聚焦品牌，达到品牌与消费者沟通的目的。市场竞争中，品牌的应对策略是多种多样的，选择什么样的代言策略出于品牌自身对市场的理解和判断。这就是说，作为品牌管理者，既可以选择通过代言的方式提高品牌影响，达到传播品牌形象的目的，注重品牌形象。也能够借助品牌代言扩大品牌市场占有，使产品有更好的销路。

从品牌差异化的角度，代言策略制造出差别化的品牌形象，能够使品牌有别于市场上的其他品牌。

在制定代言策略之初要考虑的几方面问题，归纳如下：

- 品牌预期和聚焦于哪个方面？
- 品牌代言给消费者传递怎样的品牌印象？
- 品牌在市场中的地位如何？
- 谁是合适的代言人？
- 是否有延续的品牌策略？

在借助代言为品牌带来更多关注之前，要有明确的品牌焦点。品牌策略中制定的市场切入点是有针对性的，有明确的市场定位，有针对性的目标人群，如此一来，品牌代言就能够有具针对性，有的放矢。为具体的品牌定位服务，有明确的市场动机，符合品牌形象需要。相反的是，品牌仅仅希望借助明星效应，而没有明确的品牌策略和理念，忽视了品牌形象，代言因而无疑显得盲目，不能够有效地实现传播品牌作用。

品牌代言是将人们对公众人物的注意转移到对市场中的品牌上来，如果品牌没有给出明确焦点的话，那么在这个过程中，即便代言人有很强的舆论和形象聚焦效应，也没有可能转移到品牌上来。因而，在确定代言方面，要制造焦点和把握焦点，同时注重将焦点转化到品牌上。

品牌与代言在消费者心智中的印象应该是一致的。在零售市场中，品牌代言除了表现明确的品牌形象之外，如表现产品的品质、属性、价格等。重要的方面也在于影响消费情绪，增加品牌感受力。如果一个品牌要表现幽默的个性感受，那么代言形象就有必要表现出足够的幽默感，而不是其他的情绪和感受，这就符合代言要求。品牌塑造诚信的形象，那么代言人也要具有这种特质，在媒介上传递出这样的价值认知。

品牌在选择代言人上，不能够只考虑代言人的社会影响力因素，而且还要考虑是否适合。一些品牌会习惯性地以为，寻找代言人只是扩大品牌知名度，因而要选择最有名的代言人，会想当然地以为只有当下最热捧的明星才带动品牌成为市场焦点。这种理解是片面的，其潜潜意识里认为消费者对最有名的公众人物更感兴趣，因而也会更加强烈的关注品牌。消费者会认为品牌与代言之间有着某种必然联系吗？这或许不见得。为数不少的代言失败案例告诉我们一个事实，消费者有时只是注意到了品牌广告中的明星形象，消费了这些形象，而并未见得对品牌产生太大兴趣，甚至在更多的时候彻底地忽视了代言人在为哪个品牌代言。

5.5.3 代言价值

品牌代言从品牌自身需要出发，是主动的品牌策略。合理的品牌代言往往能在短时间内使品牌形象得到快速提升，有助于品牌提高知名度。而对于产品，代言则增加了产品的说服力，增加产品知名度，有助于产品获得更多的市场份额。这也是品牌代言人的价值所在。

代言人应具有出众的品牌价值。每个品牌都有必要从自己的定位出发考虑选择合适的代言人。

品牌选择代言人的主观因素：

- 品牌动机；
- 市场环境；
- 竞争对手。

代言人则要具备某些方面的优势，这些优势将会对品牌产生积极影响。

品牌代言人的客观条件：

- 社会影响力；
- 媒体好评度；
- 个性特征；
- 形象力。

代言人的表现及媒体影响造就了其社会影响力。代言人的社会影响和品牌推广因此而有共鸣。代言人有广泛和积极的社会影响力，他们得到了社会的普遍关注，他们的一举一动都有可能被热议，这也会使与其合作的品牌受益，与品牌扩大市场影响有互补性。

在2014年福布斯发布的中国名人榜中，范冰冰位居榜首。福布斯中国名人榜的候选范围包括了内地和港澳台地区的知名人士，范围涵盖了娱乐、体育、文化、传媒等多个领域，以收入和曝光率为基础，通过量化反映名人的个人影响力。其中范冰冰为数十个品牌做了代言。其中，范冰冰成为LV（路易·威登）全球品牌形象大使，是这个全球顶级大牌广告中出现的第一个亚洲面孔。而作为巴黎欧莱雅全球代言人以及多效修护系列产品的中国明星代言人，“五大受损，一个对策”的广告主题通过她的代言为消费者所熟知。她也为卡地亚高级珠宝系列做代言，演绎了品牌“传奇、高贵、神秘、力量”四种女性风格。同时，继LV、巴黎欧莱雅、卡迪亚等品牌之后，范冰冰又成为奔驰SLK系列的代言人。范冰冰的形象和媒体好评是品牌需要借力的方面，所代言的品牌因此而受益。

代言人具有突出的专业能力，有助于品牌价值的进一步加强，这与品牌想要表现的某些特质应该是一致的，尤其体现在产品上。运动品牌匹克借助与NBA明星合作，进行品牌推广。“我们的梦想是要签约所有的NBA（美国国家篮球协会）球员，但是这需要一定的时间，所以匹克与NBA的合作是长期的战略坚持，目前我们已经看到坚持所带来品牌美誉度和附加值的增加，同时我们也正在把影响力扩展到网球等其他运动领域，目标是要将匹克打造成为以专业篮球为核心、向其他专业运动领域延伸的多元化国际专业运动品牌。”在火箭队中除了“蝙蝠侠”巴蒂尔以及“小钢炮”洛瑞为匹克旗下签约球员之外，队员帕特森也加入了，成为匹克在NBA的第13位签约球星。许志华曾经表示：“看到新秀帕特森在中国的表现，我很高兴。他是个前途无量的选手。匹克现在就是要寻找这样年轻有为的球员，打造自己的未来之星。这也是随着匹克品牌的日渐成熟，对于球星签约提出的造星计划。”

品牌代言人的必要条件是应有良好的口碑，具备良好的社会形象。代言人不仅要具有广泛的社会关注，是社会关注的焦点，同时也有突出的职业技能和良好的口碑。他们是其所在行业的杰出人士，是一个领域中最突出、最优秀的个体。他们具备了突出的职业素养，其能力在职业技能领域中有显著优势，能够得到更多社会关注。在此基础上，代言人的行为应该是积极的，不应该引起有舆论纠纷和媒体负面评价。任何品牌代言人的负面新闻对品牌来说都会是一个重大利空因素，这种不利情形一旦出现，往往将品牌置于尴尬和不利的处境之中。从这个方面讲，品牌在代言问题上要时刻面临代言人表现的不确定性，因而代言人过往的行为和评价将会是重要的参照。

代言人的自身形象适合品牌的推广和宣传。亲和力、成熟感、幽默感、性感等显露于外的形象特点，是与品牌策略和品牌特质联系起来的。代言形象在品牌形象推广中出现，在各类媒介宣传和市场活动中表现品牌，消费者通过代言人的形象直观地了解品牌。对于品牌而言，在选择代言形象时，形象鲜明、个性突出的代言人也可以凸显品牌的某些感性特征。

2010 年，中粮悦活签约林志玲作为旗下悦活果蔬汁和系列产品的形象代言人。品牌在全国范围内发起了“悦活悦自然”的营销活动。林志玲的个人形象影响和改变着这家大企业在消费者心目中的固有印象，缩小了品牌与消费者之间的距离感，使之更有亲和力。

“爱网络，爱自由，爱晚起，爱夜间大排档，爱赛车，也爱 29 块的 T - SHIRT，我不是什么旗手，不是谁的代言，我是韩寒，我只代表我自己。我和你一样，我是凡客”的广告语，曾经被称为凡客体。在广告宣传中，品牌选择了韩寒做代言。这则广告出现在北京、上海等地的站牌广告中，受到更多媒体和消费者的关注和好评。韩寒作为青年作家和赛车手的形象贴近年轻人，个性突出，与品牌关系度更好。同时品牌也用电影演员王珞丹为该品牌代言，同样也在形象方面做了充分考虑。凡客品牌从名不见经传到赢得年轻消费者青睐，代言形象的形象感恰到好处起到了作用。

6 品牌的视觉策略

对于人类而言，遗忘一直是常态，而记忆才是例外。然而，由于数字技术与全球网络的发展，这种平衡已经被打破了。如今，过去正像刺青一样被刻在我们的数字皮肤上，遗忘已经变成了例外，而记忆却成了常态……遗忘，是人类的天性。从古至今，人们不断尝试用本能、语言、绘画、文本、媒体、介质，来记住我们的知识。千年以来，遗忘始终比记忆更简单，成本也更低。数字时代颠覆了这一切，而我们却惊愕地发现，如果能够真的记住一切，不仅令人发狂，而且让人孤独绝望。

——维克托·迈尔·舍恩伯格

6.1 设计思维

企业的品牌形象和企业生产的某一款产品形成捆绑的形象联系，要引起企业管理和品牌建设部门的警惕和注意，未雨绸缪，积极地思考和制定策略，充分利用产品形象力的上升期开拓企业品牌的潜力，借产品推广和扩大企业影响力。同时，有意识地强调企业自身的品牌形象。当今的产品竞争格局复杂，大部分产品很难在长时间保持稳定的品牌号召力，由此，当产品的品牌形象进入到停滞不前或者已经呈现出不可逆转的衰退的时候，企业是否具有独立的品牌形象特征，就显得尤为重要。

——基斯·M. 伊迪斯，Sales Performance International（SPI）公司的主席

6.1.1 设计理念

品牌面向消费者，每一个品牌都在不同程度设想，努力使自己的品牌策

略能够跻身市场，占有更高的市场份额。在这个充满竞争的过程里，我们关注品牌的每一个方面，注意到它们对品牌的重要性。这其中，始终不应该忘记的就是视觉的重要性，视觉正如同一把锤子，把品牌定位和策略牢牢地固定在市场中，固定在消费者心目中。

> “尽管在过去40年中，营销界发生了很多革命性的变革，但定位看起来似乎依然很重要。互联网、社交媒体、移动营销、公关的崛起，还有谷歌、推特，以及很多其他数字技术都在以不同方式影响着消费者。这些发展都很重要，也具有革命性的意义，但它们仍然是战术层面的。要成为一个成功的品牌，仅有最新的战术是不够的，它还需要战略，这就是‘定位’能持续获得关注的原因。定位理论有一个弱点。定位战略无一不是用语言表达的。在执行定位战略时，你寻找心智中的语言空缺，用你的品牌名填补这个空缺。例如，雷克萨斯填补了‘日本豪华车’这个空缺。一旦雷克萨斯品牌牢牢地定位在人们心智中，它几乎可以不受竞争的影响。尽管‘语言’定位战略获得了成功，但可能会让一部分读者感到惊讶，进入心智最好的方法不是依靠文字，而是依靠视觉。”①

劳拉·里斯（Laura Ries）是里斯伙伴品牌战略咨询公司全球总裁，她是美国公认的新一代营销战略专家，在美国福克斯新闻频道、消费者新闻与商业频道、美国广播公司和美国有线电视新闻网等频道和栏目担任特约战略顾问，并为全球《财富》500强企业提供品牌战略咨询服务。在她的著作《视觉锤》中对视觉之于品牌的重要性提出了自己的见解。她认为视觉正如一个利器，将品牌牢牢地定在消费者心中。

> 定位理论的传承和发展就是在消费者心中找到一个空位，然后植入一颗钉子。视觉时代，抢占消费者心中的最好方法并非只用“语言的钉子”，还要运用强有力的“视觉锤”，视觉形象就像锤子，可以更快、更有力地建立定位并引起顾客共鸣。视觉形象和语言信息的关系好比锤子与钉子：要用视觉形象这把锤子，把你的语言钉子植入消费者的心中。

---

① 《视觉锤》，劳拉·里斯（Laura Ries）。

这一描述更加客观地看待了视觉形象对于品牌的价值和意义。

设计经验告诉我们，视觉语言在品牌中的作用经常是不明确的，不是被过分夸大了，就是被忽视了。客户常常不约而同地将视觉作为一种简单的表面形式和附属的外观，这直接导致了视觉得到的对待是不确定的，往往会因为品牌管理者的喜好而显得随意。品牌在推出后，摆在消费者眼前，从视觉上来看，在形象上缺乏特征，没有办法牢固地扎根在消费者的认识中。

现在，我们在品牌策略中审视这一因素的重要性和价值，我们并不需要过分夸大视觉的重要性，而是希望通过客观的分析帮助品牌管理者们了解视觉价值，认识到它应该同其他品牌因素一道，保持品牌形象的统一性和完整性，保持品牌在市场中向前运动的协调性和品牌冲击力。

视觉形象更如一道眼前的闪光，它能够快速地击中消费者心智，具有突出的力量，同时，也是改善品牌与消费者之间关系的一个条件。视觉上的变化总是能够快速地改变消费者的认识，在线证券交易商 TD Ameritrade（TDA）通过在网站页面上稍微修改了网站文本设计和图像，结果新开户的数量就增加了 14%。视觉在这个时候起到了关键作用，效果鲜明，将顾客吸引了过来。

品牌策略中提出的概念从无形转化为有形，从抽象的概念转化为可视的形象。视觉落实在形象、画面和色彩等方面，融合在不同媒介的传播中。脑白金品牌以送礼为品牌策略，这个概念通过广告形象加以确定。在脑白金广告中，快乐的老年夫妇形象一直得以保持，成为消费者对品牌的主要印象。王老吉品牌一直沿用了鲜艳的红色包装，这是品牌的基本视觉特征，当我们提起这一品牌的时候，首先会想到红色。

6.1.2 视觉预期

品牌推广视觉解决一个问题，满足消费要求，同时也提出了一种见解，给人们更深入的体验。

设计家原研哉认为："做设计不应该只看短期反应，而要着眼于长远的教育性理想：若每一个设计师都有这一种追求，市场的品位、对设计的感受力就会不断地提升，社会了解设计意义的所在，设计师才会有更大的发挥。这是一个相互影响的良性循环。"原研哉做的相关产品设计促进了日本米酒的生产和销售。他的客户包括了 Nikka（余市）威士忌、"味之素"食品等。他为东京松屋百货的重新设计（包括空间设计、广告和平面设计）取得了不俗的效果。在这些设计中，视觉带给人们十分精良的感受，消费者被设计所打动，把品牌和设计关联起来。设计很好地解释了品牌的实用意义，也代表了品牌创造的价值。

设想一个品牌在推出的时候，消费者会希望它是什么样子？如果它激起了人们对品牌的比以往更强烈的关注，就会给消费者这样的感觉，消费者会认为这个品牌将会带来更多的预期。这超过了人们通常在消费过程中的预期想法，设计让人们眼前一亮。

我们常常有这样的认识，在零售市场中选择产品，大部分消费者事实上在心目中都会对产品的形象有一定的保守视觉预期，比如，都会以为与咖啡相关的物品应该是咖啡色调的，认为牛奶的设计会是白色的。这种认识经过长久的积累，基本观念深入人心，也会认为冷饮应该是冷色调的，而热饮会有暖调，等等。恰恰在这个时候，视觉设计有必要重新定义品牌，带给消费者新的感受。

朝日集团的产品，白咖啡 WHITE WONDA 350ml 瓶装产品在销售的第一周里，销量就超过了 WONDA 的其他常规商品，很快实现了市场销售目标。而 WHITE WONDA 这种白咖啡饮品带来惊喜的重要原因是视觉上产生的改变。这个产品实现差别化的重要因素并不是在产品口味上的变化，也不是使用了特殊的原料，而是独特的色彩设计和使用。在产品包装上，这一个产品使用了让人耳目一新的白色，而不是传统视觉经验上使用的咖啡色，视觉感受发生了变化，产品的形象超过了人们正常的视觉预期。朝日市场总部的庄司弘佐解释说："明明是咖啡，却是白色的，WHITE WONDA 正是以此为卖点打开市场的限定商品。"

视觉预期不是单纯地再现消费者的感受，而是填补消费者心目中未曾充满的形象部分。如果仅仅是再现消费者的感受，而没有新的印象和新的感受，这一视觉就是有问题的。奢侈品 Burberry 在零售柜台上销售了一款围巾，这款围巾是以中国春节为主题的限量产品，在传统格子款式羊绒围巾的末端绣上了一个红色的"福"字，价格方面上也比普通款的围巾贵了大约 850 元。在社交媒体上曝光后，这款围巾旋即招来嘲讽，连设计师的水平也受到了质疑，更有一些消费者开起了玩笑，用山寨产品来形容这款新围巾。这款围巾成为 Burberry 讨好中国顾客的一个失败例子。为了赢得消费者的文化认同感，因而希望通过简单的视觉元素应用来讨好消费者，显然没有超出人们对视觉的预期认识，过于浅显化的视觉尝试未必会成为品牌的亮点。

如果消费者的眼界和意识逐步提高，审美水平和消费思维变化了，那固守原来的视觉观念就会显得落伍，无论这种视觉方案看似多么贴近消费者。如果把两个同类商品摆在人们眼前，消费者会首先关注视觉形象上更突出的那一个。以消费者的购买动机为出发点，视觉上的不同，会更为醒目，无疑会引起更多关注，这会成为品牌开启消费意识的重要一步。例如，椰树牌椰汁使用了黑色包装，因而十分突出。

6.1.3　鲜明的形象

识别性在于加强记忆，谈论识别性，并非只是在讨论一个符号，或者怎样看待一个图案，而是涉及品牌整体的形象感。

欧洲内部市场协调局（OMIH）主要负责成员国的商标注册和外观设计工作。OMIH 对路易・威登品牌的图案提出了这样的看法："棋盘格花纹作为有争议的商标，是由十分简单的元素组成的普通花纹，并且众所周知，这个花纹常被用于装饰多种物品。这项商标与其他棋盘格花纹无明显差异，无法满足商标的基本'鉴定'或'原创'功能。"众所周知，除了在 Speedy 等受欢迎的手提包系列产品上使用这种图案之外，棋盘格图案还被用在了路易・威登女装秀上。现在这家全球最著名的奢侈品牌多年一直在维护的视觉元素遭到了重大挑战，经典棋盘格样式享有的商标权受到极大冲击。法院撤销了对棕色棋盘格纹和米色棋盘格纹两项重要的商标所有权，路易・威登的上诉被驳回了。美国网站 WWD 报道了相关历史消息，路易・威登于 2008 为这两种花纹注册了商标。而在 2009 年，德国零售商 Nanu - Nana 申请取消此项专利。2011 年，法院宣布路易・威登在手提包和相关产品上的棋盘格花纹商标权无效。事实上，重要形象对品牌的意义非比寻常，它是品牌的核心要素，因而，这种形象在使用上应更为审慎。

在品牌的视觉策略中，过于简单和普遍的视觉方案是需要反复讨论和推敲的。如果这样做了，结果有可能会使品牌处于两难。识别性的视觉方案对品牌而言是根本性的，一经确定的视觉形象将会成为消费者购买和识别的重要依据，并融入品牌文化，因而会随着品牌逐步强大而越发显得牢固和稳定，如果在设计之初就忽略了视觉形象的识别性所依赖的基本条件，对于日后的品牌是一个重大的打击。

BAPE是诞生于日本原宿街头的潮流服饰品牌，现在它已经是享誉亚洲乃至世界的著名品牌了，它的全称是“Bathing Ape in Lukewater”，这个意思就是“安逸生活的猿人”，中文简称“安逸猿”，在有些地区也称这个品牌为“猿人头”（如图6－1所示）。它的识别形象是一个猿人的头部形象。这个品牌的每一款服装都是限量版，如果看到某个人穿着这样一款你喜欢的衬衫，那就说明这款衬衫已经脱销了。安逸猿的店面坐落在小巷中，看上去并不在意顾客是否容易找得到，店面也没有明显的标记，这似乎暗示了品牌的理念。值得一提的是，大多数安逸猿的专卖店会规定顾客每次只能买一种产品，要符合顾客的身材尺寸。这会让人们明白，这个品牌不是符合大众潮流的，显然不要指望在这种店里买到什么街头流行的时髦产品。在品牌视觉上，从基本的图案识别上就可以看出品牌在有意识强调只属于自己的价值观，这个标志让人感觉到品牌的理念。

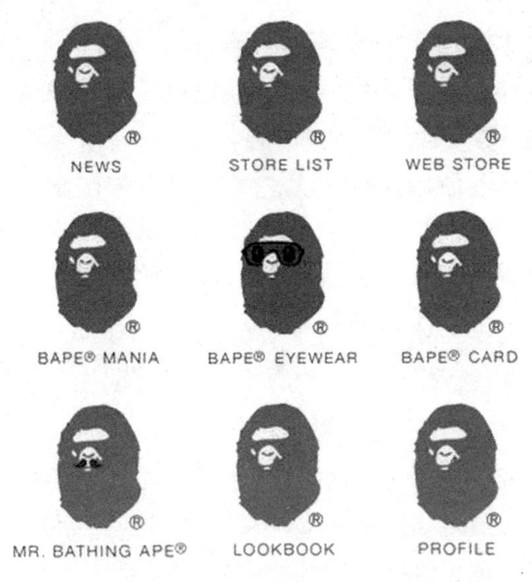

图6－1 安逸猿品牌

安逸猿品牌以猿人头像作为品牌识别形象，彰显了其另类视觉风格。该品牌的名称可以诠释为安逸的猿人，其在品牌营销上也有别样的做法

五星设计公司的设计师保拉·谢尔说：“当我对一项工作一窍不通的时候，就是我工作最出色的时候。”她曾在餐巾纸上为花旗银行勾勒出那个著名的雨伞图标。谢尔这样解释自己的观点：如果想寻找更好的方法，那些特定

领域里的丰富经验会阻碍你的成功，因为你太清楚结果会怎样了，你知道哪些方法不会奏效。

的确，熟悉的方法总会陷入常态化的思路中，因而也很难做出变化更新的视觉形象，即便顺应这种思维，做出来的设计方案，也会与市面上的其他品牌和产品差不太多，因而也不会造成市场上的更好的反响。这给策略的执行者们提了个醒，希望设计出更好的形象方案就不能囿于现有的思维，要从品牌的根本需求上找答案，从消费者对品牌的期待上加以研究，琢磨突破性的形象和解决方案。

6.2 形象设计

品牌标志会对品牌个性产生强大的影响，因为它是可以被操控的，并且可能会引起非常强烈的联想。

——戴维·阿克

6.2.1 品牌识别

在品牌的整体形象中，标志是一个重要的部分。标志既是一个符号、一个基础形象，它更代表了品牌的核心信息，有着品牌重要的代表性，传达出了一个涵盖在形式之上的明确理念。

标志的识别性在品牌视觉识别系统中有重要意义。作为最为核心的视觉符号，品牌的标志代表了品牌的身份、影响力，承载了品牌的历史和荣誉。品牌的标志，准确地把品牌的某些想法和对市场的理解落实在了具体的造型上。

识别的价值在于，作为品牌符号的视觉形象，它是整个视觉识别体系的核心因子。发生变化对整个品牌都将造成重要影响。不管是设计师、市场销售员或者公关人员，都需要充分理解标志的含义，而不仅仅把这当作一个形式。

对识别性的重视由来已久，在北宋时期，“刘家针铺”的广告中就能够看到作为识别性的专属形象。广告中心位置有店铺的形象——一个白兔的造型。标志上方的广告标题是“济南刘家功夫针铺”，两侧以文字提示顾客

“认门前白兔儿为记”，标志下方是广告正文：“收买上等钢条，造功夫细针，不误宅院使用，客转为贩，别有加饶，请记白。”作为具有史料价值的识别标记，“刘家针铺”具备了品牌形象中标志符号的识别意义，广告中的图形和文字组合具有明确的品牌说明和识别功能，是图文并茂的品牌符号组合形象。

识别性包含了视觉感受上的清晰性，以及理念认知上不易混淆的特点。也就是说，在品牌林立的竞争环境中，品牌形象需要具有别具一格的视觉面貌，只有这样才能形成品牌形象差异化。标志本身的设计理念和视觉形象清晰，这既反映了造型的要求，也是标志意念构成中语意表达的要求。必胜客的标志以红色屋顶为主要形象，这是该品牌最核心的视觉要素。视觉形象不明确，形状、轮廓、结构不清晰，就无法阐述清楚品牌理念，含义上缺乏准确性——只是大而化之、空洞的抽象概念，视觉上的表达就会言不达意，无所适从。这样的形象很难找到特点。

符号化的品牌标识视觉形象突出，言简意赅，阐述品牌的鲜明个性。麦当劳的品牌形象首先是它的鲜明的标志，这个鲜亮的黄色“M”字母造型，已经成为人们记忆中稳固的视觉形象。“M”字母的设计在造型上保持了流畅的弧线外观，形成漂亮的拱门造型。就标志一点上而言，它具有极强的符号特点和视觉识别性。

核心的视觉形象始终是建立在消费者认识中的，因而，在改变品牌形象时，针对核心要素的改善要十分着力。在星巴克总部，霍华德·舒尔茨已经向星巴克的合作伙伴们发布了星巴克的新品牌标志。公司旗下所有商品在2011年3月份启用了新标志。该新标志去掉原来写有“STARBUCKS COFFEE”英文字样的绿色圆环，并将美人鱼形象扩大作为唯一的识别符号，这使得整个方案更简明（如图6-2所示）。这个新形象实际上并没有根本改变原有的标志核心图形，而是去除了外圆部分的文字样式，保持了利落的核心形象。

6.2.2 标识

几何形构成可以理解为几何形态的重复、相加或者削减，形成了千变万化的视觉形象。从形态的整体性上看，这种方法的构成形象保留了几何形态的规律性和秩序感。尽管造型依托了基本形态，是方形、圆形和三角形的变

图 6－2　星巴克的标志

星巴克标志变得更为简洁，文字部分和图形部分区别开来，图形部分独立作为标志使用

化，但是，通过形态的变化和组合，通过形与形之间的叠加、削减等手段，造型就不再那么简单了，视觉变化丰富起来，成为标志设计中的灵活的形象。家乐福品牌的识别以菱形为基本型，其中叠加了字母“C”，造型结构并不复杂，但从视觉效果上看却很丰富（如图 6－3 所示）。

图 6－3　家乐福的标志

家乐福标志用简单的造型方法，实现了丰富的造型效果，字母 C 结合在菱形几何形中，分割了形象

表现性造型形式多样，形式上不拘束，方法自由灵活。在构造上时常具有写意性的视觉特征，形象更具有自由灵活的特点，形式上也不拘一格。具体创作上，借用自由书写的笔触变化、描绘性的表现技巧等，融合情感化，给人自由、活泼、积极的印象。

自然形态的借用也常被应用在图形中。零售品牌想要传达给消费者什么样的信息，在使用视觉样式上会有所考虑。自然形象有联想性和象征性，因而当消费者看到某种风格的图形，肯定会引起联想，这种联想与品牌密切相关。

以自然形象作为图形表现，视觉上更为亲和。这样的形象显然不是几何形象加工和切割的刻板和机械感觉。无论是自然界的植物、花卉，或者动物，这些形象的借用和表现，从根本上说都是在拉近品牌与消费者关系，意在形成情感共鸣。英国工艺美术运动中的视觉样式，或者元青花上看到的缠枝纹样，在这些作品中，我们会看到对自然形象赋予的情感和理念。壳牌是著名的能源企业，其最初的标志就来源于贝壳的造型。在不断地发展演变中逐渐形成了今天的符号化。而苹果公司的标志以一个有缺口的苹果造型作为视觉识别符号，这一形象一改数字产品冷峻外观。

在造型处理上，形象具有动、静的变化。视觉上的“动”表达了运动和运动感两个方面。物体发生位移，从一个地方挪到另外一个地方，形成了视觉上的运动。稳定的、静止的形象具有运动的感受，也能给人以“动”的印象。“静”同样是相对的，静止不动的形象是“静”的表现，而稳定性强也是“静”的表现，形态端庄、对称，都显示了“静”的视觉特征。设计中善用“动”与“静”，能突出视觉传达的信息特征。在一些环境应用中，零售品牌的视觉传达以“动”来表现，能很好地突出活动理念，营造活跃、生动的气氛。

品牌标识是视觉识别系统中的核心部分，需要制定标准化的规范样式，这是构建形象秩序的重要一面。标准化的做法将建立起一整套符合规范的模式，这能够保证整个视觉体系运用的完整性和连续性，维护品牌形象。品牌的视觉识别系统有着严密的逻辑关系，违背标准化的操作可能造成品牌形象视觉传播的混乱和无序，造成品牌形象在人们心目中的不确定性和混乱感，结果会导致品牌说服力减弱，品牌可信度下降。品牌标识的标准化制定，遵循严格和规范的设计，制定使用标准和执行方案。在设计中，考虑到实施中的具体问题，这是十分必要的，考虑设计方案应该具备的实际应用情况，将这些情况下的应用加以说明，避免在执行和实施过程中出现无法适用的情形。要注意标准化有明确的要求，任何主观判断和擅自改变都对品牌形象造成不利影响，在应用中严格把握设计和操作标准，按照方案和规范要求贯彻和执行。

造型表现要点：

- 形态；
- 构成；
- 含义；
- 差别化。

6.2.3 品牌字体

品牌字体是品牌视觉中不可或缺的重要内容。面向消费者的品牌设计中，品牌字体是识别一个品牌的重要形象依据。根据字体的形象，对品牌视觉特征持久记忆，成为消费者选择和购买商品的重要参照。

品牌字体的设计要点：

- 整体感；
- 结构变化；
- 个性化；
- 理念融合。

经过设计，文字形态更具特征，使品牌保持一种确定的可读顺序。消费者在置身某处具体的消费环境选购商品，我们可以想到，会有几十个甚至上百个品牌同时展现出来，每一种商品都有一个对应的视觉形象，每个品牌都希望得到消费者认可。而文字的识别则是一种可靠的形式，消费者可以从字体中准确地分辨出品牌来。

在零售品牌设计中，字体的识别取决于主题需要。在表现主题上，形式感要与品牌理念相一致。文字本身不仅可以行文达意，通过符号化和图形化语言，能够表现更丰富的品牌含义。根据文字自身的特点，零售品牌文字的视觉传达可以通过组合形式进行表现，将文字设计成具体的造型强调品牌特征。通过文字外形、结构，笔画的粗细，字的密度、色彩等，这些细节的微妙变化，都适时地传递出品牌的主题。登喜路品牌在组合造型上有着明确的竖线笔画夸张特征，字体竖线形式加强（如图 6－4 所示）。

在设计中，不同的字体有明显的风格特征，具体在品牌中，体现出不同的品牌个性。中文字体中宋体字的端庄，仿宋体的秀丽，黑体的有力和书法

图 6－4　登喜路品牌识别

登喜路的标志字体有着非常明确的字体设计，视觉上让人过目不忘。这不仅是因为无衬线的字母形象，同时整体上强调了竖线部分，使之有明显的品牌个性

体的洒脱都可以成为视觉感染的因素。以宋体为例，装饰角特征明显，撇捺笔画在视觉上也有明确特征。无装饰线的字体，例如，中文的黑体，笔画粗细均衡，简洁有体量感。耐克的标志字体没有装饰，形象简明，这和品牌形象是一致的。

在字体的设计运用中，书法体等都是较为特别的一种表达形式，具有强烈的表现力。书法是书写艺术，在书写过程中，结合书写者对内容的理解，发展出个性化的字体描绘语言，因而书法家的书法往往自成一体。书法家创作形式的主观性，书写的字体更加个性化，而字与字之间的关系通常也更为协调。书法在品牌设计中也常常被使用，强烈的主观情绪在造型上得到恰当的运用，传达的效果更加突出，与同类品牌形成较大的差别。使用和借鉴书法艺术，在传递基本文字信息的同时，可以呈现强烈的文化特征，体现文化感。

在字体的使用上，具体表现在字号反映了文字的大小，同时字号的大小直接影响到人们的阅读感受，字号的大小也影响了信息的传达效果。在设计中字体造型大小比例的变化，取决于文字在设计中的传达要求。例如，字的大小与版面、色彩、图像等元素的搭配关系，根据在不同的视觉关系中，选择适合的文字大小。

字的结构可以抽象的理解为由点、线、面构成的有机结合关系。通过协调笔画与笔画之间的穿插、组合关系，表现了品牌字体的点、线、面关系，显示出文字整体的节奏和韵律变化，进而产生视觉美感。在字形的设计中，外形和轮廓是重要的。字的外形或动或静、或舒展或紧凑，这其中轮廓起了重要作用，它影响着外型的美感。

6.3 设计整合

6.3.1 视觉链

在品牌中，视觉链所体现的含义是不同视觉元素共同塑造品牌形象，彼此连接在一起，共同对品牌起着作用，而不是指一个孤立的形象，而是复合性的和结构化的，是彼此呼应的。

在消费者购买商品的整个过程中，从兴趣的激发到实现购买的这一过程中，品牌的视觉链会不断的影响着人们的感受。

在和消费者接触的过程中，品牌的视觉链将会在以下几个方面起到作用。

这些方面关联起来，形成完整的视觉链：

- 图形；
- 色彩；
- 符号；
- 文字；
- 造型。

在品牌设计中，视觉策略具有连续的传播机制，呈现出宛如链条般互相关联的传播效果。当消费者打算购买一件商品，可能会走进店面请销售人员为其做详细的推荐，并计算开支，讲述产品的品质、性能等，也会列举不同品牌之间的差别。在这个过程中，是否也应该意识到，促成消费的因素中，包含了视觉形象的连续认知。在顾客进店的那一刻起，视觉符号、形象和色彩等就开始发挥作用了。

无论是品牌专卖店，或者是综合性的超级市场，身在其中，消费者的视线会在哪里，这一点尽管可以分析和预见，但也并不能一概而论，因为谁都不能强制消费者去看什么和怎样看。消费者的购物过程是自主的，视觉是非受控的，因而，视觉链在这个区域中的意义更大。

视觉链在一定的时间和空间中，视觉元素串联起来发挥作用。人们始终受到这个链条中的某一个或者某几个因素的影响，这些视觉因素，从图形到文字、符号和造型，分布在不同地方。在理解上，明确视觉链是如何把时间和空间连接在一起更为重要。例如，实际应用中，标志作为核心符号能够成为视觉链中的一个重要角色，标志有可能会第一个出现在消费者眼前，当然也可能是色彩会首先出现，或者有时也会是抢眼的造型首先出现在消费者视线中。但无论怎样，视觉链会以连续的视觉感受影响人们的视觉，让人们感受到品牌。

视觉链中包含的各类形象元素，每一种都有自己的独特优势，彼此是互补的，在它们中，视觉造型具有空间特征，而色彩具有延展性，图形和符号具有连续性。这些视觉形式在不同的售卖环境中应用不尽相同，但都不同程度地扮演着视觉链中的某一个角色。标识形象是品牌的符号，能够代表品牌，是识别的关键；而色彩更具含义，有很强的情绪性，能够调动消费者的情感；造型的表现会更具空间性，能够有效地组织某空间关系，成为视觉焦点，或者连接不同空间，起到起承转合的作用。而文字，如广告语和消费提示的文字信息，起到了引导的作用。

6.3.2 建立视觉优势

在零售市场条件下，品牌要突出自己，就需要使出浑身解数，要充分利用好自身优势，在最重要的关键点上明确地突出自己，利用视觉元素，使之在不同层面尽善尽美地表现，发挥表现品牌的作用。

视觉元素的变化整合通常是为适应不同的应用条件，在不同的应用环境中体现，视觉在零售活动中出现有很明确的目的性。例如，在售卖空间中，立体的形态可供人们围绕着观赏，具有三维特征，会成为一个空间中的焦点，因而会出现在最显眼的位置上。对于造型，通过对体积、层次、空间等的处理，造型形式是多样的，既可以表现得像一个雕塑，也可以和商品结合展示。在卖场中，M&M 巧克力为宣传产品，设置了立体的卡通造型，这个造型是品牌最突出的代表，形象是一个拟人化的巧克力豆，这与产品相关，它有生动的表情，站在卖场中间，这本身就成为品牌最好的诠释。

利用多媒体技术手段，图像动态化，可以使品牌表现力得到延伸。图形由静态转换为动态形式，更能够吸引人们的注意力。在技术上通过程序编辑，丰富图形展示效果，视觉的灵活性增强了。相比在传统技术条件下，图形是以静态形式表现，现在则可以在屏幕上动态的展示，另外，根据品牌需要，有些情况下数字艺术的介入，使得形象可以与消费者产生互动。在实体售卖环境中，动态形象以两种形式表现出来，一种是动态影像，另外一种是动态造型。动起来的形象总能够吸引消费者目光，成为一个区域的焦点。

在零售环境的视觉元素中，符号贯穿于整个环境的始终。在不同区域里，符号能够连贯使用，强调出系统性和整体感，让顾客感到空间是一个整体，对符号所反映的信息形成持续、持久的记忆。当消费者进入店面的一开始，符号就开始发挥作用，并且伴随着消费者行为的始终。符号进入消费者视线，适用在环境中的不同位置，既体现品牌的个性化，同时也有实用功能，形式上结合平面、立体，产生丰富的传达效果。麦当劳标志主体造型是呈现优美弧形的“M”字母，麦当劳“M”字母的标志是单纯的形象设计，其造型无论放大或缩小变化均能很好地再现造型的视觉美感。同时，传播距离上也具有优势，人们即使从很远的地方也能识别出来这个形象。在麦当劳店面的视觉识别中，黄色的“M”造型不断出现在店面的各处，就像是在对人们说“让人们快来，到麦当劳来”，这个符号使人们有了走进去的愿望。

在商品销售活动中，视觉始终有利于制造气氛，让人们的体验更充分，获得更多的满足感。气氛营造对于深层次的品牌传播有积极意义，而营造品牌气氛则需要适时地加工和组织视觉元素。在商品促销活动中，气氛提高消费者的参与意识，在使用图形、色彩、造型等元素时，用主题将这些方面串联起来，彼此之间构成语意上的和形式上的关联（如图 6 – 5 所示）。

视觉形象整合应用，有助于明确的品牌识别。7 – 11 日本店面在 2011 年中对自营品牌商品做了全面的更新，创意总监佐藤可士和对店内销售的自营商品进行了设计整合，在自营便当、三明治等的设计上做了更新。具体从品牌标识到包装设计都做了细致的改善。新的定位是——自主品牌（PR）。“在此之前的做法是在商品上使用标志，有时使用 Seven & I Holding 的识别字样，对日常商品并没有明确的品牌意识，结果缺乏统一的品牌样式”，佐藤说道。在改变这种情况的时候，对“7 – GOLD”和“7 – PREMIUM”这两个自主品牌做出了一定的调整。“在此之前，相似的商品只是在包装上有些变化，差异化并不明显”，于是“借设计之力对商品进行了整合”。这一整合的结果就是

图 6－5　注重气氛的零售环境

在零售活动中，注重气氛的营造，有利于品牌塑造自身形象，实施品牌形象策略。针对品牌定位，在气氛营造上，突出了产地、品质、文化等因素

更加突出品牌形象（如图 6－6 所示）。

图 6－6　7－11 便利店的产品

在 2011 年中对自营品牌商品做了全面的更新，佐藤可士和设计，内容包括便当和三明治等，整合结果目的明确，效果清晰。有利于消费者更好地认知品牌

蒂芙尼品牌以其盒子的迷人魅力著称，这个包装盒成为了品牌具有影响力的关键，是品牌视觉优势的所在。“不止有一个人曾经想把买来的礼物放进蒂芙尼的礼盒里，只希望提高礼物的价值和品位。”这个小小的盒子究竟有什么样的魅力，让人们都趋之若鹜，这要从品牌的历史说起。它始于 1850 年代，Charles Lewis Tiffany（查尔斯·刘易斯·蒂芙尼）用 1000 美元的借款在纽约市百老汇大街 259 号开设了一家名为 Tiffany & Young 的专营文具和时尚流行商品的店面。后来有人认为蒂芙尼品牌选择标志性蓝色是因为当时绿松

石首饰盛行。但更为确切的说法是，它源自一种罗宾鸟蛋的颜色——罗宾鸟在西方传说中是浪漫与幸福的象征。蒂芙尼在1998年为品牌独有的蓝色——标记注册了商标专利。在1886年的时候，蒂芙尼推出了第一款订婚钻戒，而作为包装的蓝色礼盒也与钻戒一样让人喜欢。1906年，在纽约《太阳报》的报道中，Charles Lewis Tiffany 表示，蒂芙尼的货品中有一样东西是只送不卖的，那就是他的盒子。公司严格规定了，除非里面装着他们所卖出的货品，否则印有蒂芙尼名字的盒子甚至不能被带离公司。

6.3.3 品牌目标与视觉策略

如果打算为品牌制定出更好的视觉策略，就必须要考虑策略实施的具体条件，明确策略的目标是什么。例如，需要考虑这个计划是一个短期行为，还是长期的，以此为据，做出相应的视觉方案。也要明确在哪儿和什么时间实施这一策略，具体的环境和地点，等等。针对不同的售卖情形，需要考虑解决明确的问题，有时问题聚集在价格宣传上，有时则注意力要集中在品牌形象上，而有些时候要侧重于与消费者的沟通。在不同的目标引导下，品牌的视觉策略，其具体实施办法是不同的。如果是倾向于向顾客宣传价格，那么价格优势就会被摆在首位，视觉上，用形象和文字的关联设计加以表现（如图6－7所示）。

图6－7 卖场中的价格标签

“更低价格”的标示字样十分突出，色彩、字体都鲜明突出，直截了当地表明了销售动机

为品牌策略服务的视觉设计，从品牌与市场以及消费者的关系上出发，要理解这样的一些问题：

- 品牌的视觉策略中的关键点是什么；
- 视觉策略要达到怎样的目的；
- 与视觉相匹配的其他策略有哪些；
- 视觉是怎样切入到市场中的；
- 消费者与品牌的视觉形象建立了怎样的关系；
- 视觉方案的预期怎样。

清晰的思维能够有助于整理出重要的策略要点，因而设计方案的目的性更强，效果也更突出。星巴克的门店在选址上经过了充分的考虑，地点更多地集中在商业区、社区、办公区等区域。它会根据选址地点的不同来设定装修风格。举例来说，位于甲级写字楼的门店在设计上是不会与度假区的星巴克相同的，商业区和写字楼的设计也不一样。环境与消费者的关系上，针对不同人群，在一些店面里配备了更多的高脚凳，而另外一些偏向休闲和放松的沙发和矮桌设置。店内的视觉上也因为顾客差异而有明显的设计变化。空间上，在顾客靠近星巴克入口处，常常看到的是人们坐在那里安静地喝着咖啡，而不会看见繁忙、稍显混乱的吧台。通过设计规避了不好的视觉感观，展示了好的店面形象。当顾客走向吧台的时候，首先看到的是商品展示柜、咖啡杯和甜点，这会让顾客在等候点单时，眼前有漂亮的产品展示，而不至于在等候时感到无聊。

6.4 色彩设计

6.4.1 品牌色彩

在评价视觉时，有什么比色彩的传播效果更加强大吗？我们的常识是，人在视力有限的条件下，视觉中的图形和文字会随着空间距离的越来越远，其形象会看上去逐渐模糊直至失去识别性，而相对于这一距离，色彩仍旧能够有所表现，易被识别。因而，我们会发现，在重要的识别性方面，色彩是最为优先的。例如，在交通信号中的红绿灯，在警示形象中的黄色和黑色搭配。

色彩的组合和搭配是品牌视觉识别中的一个重要环节。无论在品牌的标志或其环境的色彩运用上，或是广告中的色彩应用，这一识别性关系到品牌的特征。在表现品牌时，色彩同样是最为显著的识别要件。色彩具有鲜明的情感属性和意义，因而色彩的使用对于品牌来说，不仅在于最有效的感知，也上升到品牌文化和心理层面。零售品牌设计中，有号召力的色彩凸显出品牌形象，这也是使用色彩完善品牌识别的一项重要内容（如图 6－8 所示）。

图 6－8 依云品牌形象

依云品牌形象中色彩以蓝、白和红色、粉色为主色，蓝色表现阿尔卑斯雪山的阴影面，粉色体现了女性的心理诉求

色彩的借鉴来自很多方面。具体应用中，既有取自自然的色彩，从色彩的自然属性上出发的色彩认知，例如，山川、湖泊、森林等，以此为色彩识别的来源；也有从社会文化和趋势中捕捉的色彩，在传统视觉样式中沉积的色彩要素，例如红色是传统的吉祥和节日色彩。借鉴也来自于时尚文化，从中提取色彩。这些来自天空、海洋、森林的自然色彩启发，连同人类文化进程中点点滴滴的色彩感受和视觉经验，成为品牌世界中活跃的色彩表现元素。

从自然界汲取的色彩信息，是一切色彩变化的根源。学习自然，来源于对自然的意识、观察和体会。通过与自然景物的充分接触，我们可以发现自然色彩配置的高超和巧妙，这些色彩搭配经历了自然中时间的和环境的检验，因而更加成熟，也更和谐。在自然界中，色彩的丰富性让人叹为观止，是永恒的品牌色彩资源和色彩宝库。土地、天空、大海等自然万物的色彩，值得我们在视觉应用中学习和借鉴。依云品牌的色彩取自大自然，依云矿泉水源自阿尔卑斯山，因而，在品牌的色彩识别上使用了象征阿尔卑斯山的色彩。农夫山泉矿泉水来自千岛湖，在色彩上则使用了绿色。

把握流行色彩方面，对流行元素持有新鲜感，对当下流行的趋势有敏锐的观察力，从流行文化中汲取色彩。因而留意时尚杂志是不错的选择，从中感受色彩趋势，通过服装秀、流行唱片的设计也能够借鉴最新的色彩应用，及时关注环境和陈设设计、关注货架上的商品包装和广告的色彩变化，从它们当中都可以找到时尚色彩的最新变化，使之应用于品牌。例如，在 2015 春夏的女装秀上，Marc by Marc Jacobs、Lacoste、Ralph Lauren 等国际品牌不约而同地选择了明黄色作为当季颜色，这个颜色鲜明、亮丽，适合严冬后的心情和感觉。

在产品方面，通过观察当年流行色的设计趋势，用色上具有主动性。苹果手机品牌在推出 iPhone 5 系列时，使用了金色作为产品的主色，而一改电子产品黑色和灰色传统面貌。这一做法在零售市场上得到了验证，事实证明了这一色彩的选择和应用是成功的。这种被称之为“土豪金”的金色手机成为了一个销售亮点，而后全球范围内的手机品牌在色彩上不断的竞相效仿了这种色彩系列。

为了寻求独特的品牌表现，在市场中形成差异化，尤其与同类商品形成区别，往往需要大胆地尝试使用个性化的色彩。选择突破常规的色彩，要考虑到消费者的心理预期，消费者能否接受这样的色彩。个性鲜明的色彩也往往能阐述出独特的品牌个性，形成独树一帜的视觉表现，获得意想不到的识别效果。如果这种颜色是值得期待的，那么在设计中就不妨加以考虑，并且尝试应用。加多宝开发金色新包装，这是一个必要的决定，如果仍旧沿用旧有的红色罐体包装，将会持续与红罐王老吉产生法律纠纷，这对品牌是极为不利的（如图 6 – 9 所示）。

6.4.2 色彩研究

在视觉艺术的历史上，艺术家对色彩进行了长期不懈怠的研究，并使之成为一门学科。以人们的视觉经验为基础，人对色彩的体验往往比形象更为感性、更生动，这使得对于色彩的设计应用研究更趋于心理性。

在关于色彩的基础研究方面，物理学家则从对光的分析，以及磁场和粒子的研究中发现了色彩的基本性质。通过光谱研究，在光谱中划分出了可见

图6－9　加多宝的金色包装

加多宝与王老吉品牌红罐之争尘埃落定，加多宝选择金罐作为新的品牌形象推出，这一包装的色彩能够与红罐王老吉加以区分，有很好的识别度，但也需要消费者的逐步认可

光。用三棱镜能够将普通道自然光分解为彩色光，当自然光透射到白色的平面上，就可以清晰地看到红、橙、黄、绿、青、蓝、紫的色彩顺序变化。

色彩之间有着丰富、微妙的关系。如果我们把黄色和蓝色一起涂抹在纸面上，在离开一定的距离后观察，就会感觉纸面上有绿色，这是因为色彩的反射光混合形成的感受。当眼睛在辨别过小或过远物象的细节时，事物的外形轮廓逐渐模糊，临近的色块被联系在一起，因而感受成一个新的色彩，这种现象是色彩的并置混合。这样的色彩原理运用在零售品牌的视觉设计中，成为重要的参考依据。根据空间距离和色彩组合，考虑颜色的具体使用场合和消费者的视觉感受，色彩会表现出自身的个性。

色彩关系有对比，也有和谐。两种或两种以上的色彩搭配合理，能够产生统一和谐的视觉效果。想要形成和谐的色彩关系，在于运用色彩的调和办法。通过减弱色彩之间的对立性，以实现色彩之间的和谐。通过减弱色彩的对比度，减弱色彩要素的一个或几个方面，例如，弱化色彩之间的明度、纯度、色相要素的一个或几个方面。另外，在应用中，通过减弱色彩的面积对比、造型关系，以及减弱在动态影像中的色彩动态对比，同样也具有调和色彩的功能。在调节色彩对比效果上，为了达到整体的和谐关系，进行色彩的分隔也是常用的办法，以金、银、黑、白、灰等相对中性的色彩划分开强烈对比关系的色彩，也起到了调和色彩的作用。

形状和色彩是联系在一起的，它们的相互作用彼此关联，促使我们能够体会到视觉语言的丰富性。在对色彩的研究中，我们可以发现，色彩和形状之间的联系包括了几个方面，色彩能够带给人们形状上的联想。在约翰．伊顿[①]的著作中，阐述了色彩与造型之间的感受转换：红色的重量感和不透明性同正方形的静止和庄重相一致，而三角形是三条线的彼此交接，它的锐角产生了好斗和进取的效果，因而它与重量感不突出的清澈的黄色是相称的，圆形产生一种松弛、平易的运动感，圆形同色彩中的透明蓝色在感受上是一致的。而橙色相对应不等边四边形，绿色相对应球面三角形，紫色则与椭圆形存在感受的一致性。约翰·伊顿的色彩和形状的潜在关系研究，为我们打开了色彩研究的另外一个窗口。

色彩具有文化属性。在不同地域和环境中生活的人们建立和拥有了属于自己的文化，每一种文化也都显示着独特的个性。这种文化的独特性也表现在色彩的使用习惯上。借此固定下来的色彩范式成为一种基于文化和心理的象征性载体。透过不同的色彩运用习惯和色彩搭配方式，我们可以直观地了解一个民族和一个地区的人们，感受到文化中的信仰、价值和观念。例如，有些国家的人民更偏爱绿色，而中国人更多偏爱红色。在设计中，我们应该关注那些来自不同文化背景的人们的色彩偏好和习惯。设计用色考虑文化背景，有助于了解文化和色彩之间的关系，避免在品牌色彩应用上与文化禁忌之间产生矛盾。

6.4.3 色彩认知

色彩的情感是建立在人的基本认识上。在零售中的色彩设计指引了消费者，意在调动了人们的情感，进而接受和认可品牌。

对于基础性的色彩，通常人们会有这样的认识。

人们对红色的感知来自自然界火的颜色和人类的血液色彩。物理上红光的波长较长，容易识别。红色通常被用来象征热情，因而这是不难理解的，进而也引申为喜庆和幸福的色彩。红色在情感属性也指向了另一方面，在表现积极的因素同时，也暗示了警告和禁止的含义。

黄色明度较高，色彩单纯而又强烈，因为其较强的明亮感，在其中混合

① 约翰·伊顿（Johannes Itten），瑞士表现主义画家、设计师、教育家，包豪斯最重要的教员之一，是现代设计基础课程的创建者。

了其他颜色，这使得黄色就会显得不够纯粹，而偏向了其他色彩。黄色有时会显得较为单薄，因而也有一定的脆弱感，不过其积极的一面表现为单纯、可爱和明朗。

对于蓝色而言，其视觉感受的直接来源应该出自自然界的海洋和天空。蓝色既宁静致远，同时也深不可测。明度、色相、饱和度不同的蓝色，其个性迥异，皆有较大的情感差异变化，蓝色也因而是品牌设计领域应用最广泛的色彩之一。

绿色，突显出自然界植物的色彩感受。明亮的绿色其意义含有成长感和未来感，象征了生命。星巴克就是绿色在品牌形象中应用的很好例子。绿色有积极性的一面，同时，深色和复合的绿色也具有森林般的幽暗感受，给人以未知感和恐惧感。

橙色，黄色和红色的混合体。在色彩的基础上，继承了黄色和红色两者的基本品质，其色强烈，也易引发人们的食欲，因而常用于餐饮品牌。例如，吉野家品牌就以橙黄色进行识别。橙色显示出旺盛感，但根据心理学研究，长时间观看橙色会产生较之红色更强的压迫感。

紫色，从蓝紫色到红紫色，有着较复杂但含蓄的色彩过渡。在可见光谱中紫色位于后面。因此紫色在应用中被赋予了多重性格，显示出了多样的情感。它既象征着优雅和高贵，又有孤独、神秘、忧郁的气质。

黑色，从视觉直观上体现的是黑夜的色彩。其明度最低，以至于达到了色立体中的极点。在色立体的一个极端，一切色彩在此完结，被黑色所覆盖。黑色因为其个性明确，同时却不显示明确的色相，一直以来受到品牌设计者青睐，被广泛运用在各类品牌设计中。

白色，在自然界中白色反映了人们对自然光的基本色彩感受。在色立体中，位于色立体的一个端点，与黑色相呼应。通过棱镜，我们观察到自然光可以分解产生出不同的有色光，因而白色也被借指孕育了一切色彩。感受上，高贵、纯洁总是能和白色联系在一起。

这些色彩认知是基于对基本颜色做出的判断，具体到某一种色彩在品牌中的应用，结合具体形象和表现形式，以及通过环境氛围和品牌背景，进行综合的设计考虑，才能够对色彩应用做到合理。

6.4.4 品牌专属色彩

从人们对色彩的心理反应和生理反应方面进行的研究，显示了色彩对于传递情感的情感性一面。在实践中，通过不同色彩的综合运用，触发了人们的情绪变化，成为品牌与消费者交流的一个重要因素。在视觉识别中的色彩应用上趋向严谨性，表现上更准确，通常以明确的编号加以界定，是品牌识别性的重要方面。

品牌通过色彩达到识别自身的目的，这是较其他形式更为直观的品牌认知方式。妮维雅（Nivea）母公司德国个人护理用品公司 Beiersdorf AG 在与竞争对手联合利华（Unilever NV）的长期纠纷中，赢得了最新回合的胜利。这是关于蓝色注册使用权的长期纠纷。尽管在 2013 年德国联邦专利法院对“妮维雅蓝”（Nivea Blue）的注册颜色商标地位做出了否定的判罚。不过德国联邦最高法院对此案进行了新一轮审理，并判定“妮维雅蓝”为合法注册颜色商标。在此之前的两年，Unilever 对 Beiersdorf 的蓝色专有使用权也提出了诉讼，因为 Unilever 在 Dove（多芬）香皂等护理产品包装上也使用了蓝色（如图 6－10 所示）。在当时的专利法院裁定中，认为只有当 75% 以上的德国消费者将此蓝色与品牌或产品相关联时，才能把该蓝色作为该品牌的注册商标以限制使用。

图 6－10　Nivea 品牌的蓝色识别方案（Blue Agenda）

Nivea 的蓝在品牌形象和推广中广泛使用，确保了全球消费者把这一独特的蓝色与该品牌现象联系在了一起

而对 Beiersdorf 的一份调查显示，只有 57.9% 的调查对象将深蓝色与 Nivea 联系起来，因此“妮维雅蓝”在当时未能获得法律认定。而在此案的最新审理中，法官将裁定数字标准降为 50%，这对 Beiersdorf 来说是一个好消息。在 Beiersdorf 公司的品牌形象中，这款深蓝色用在了公司的标识上，并将这一战略业务方案命名为蓝色方案（Blue Agenda）。Beiersdorf 公司董

事会成员 Ralph Gusko 在声明中表示："长期以来，妮维雅蓝在品牌组合中的广泛使用确保了全球消费者把这一独特蓝色与品牌深深联系在了一起。出于这个原因，我们将不遗余力地保护这一标志性蓝色的形象以及其他品牌的设计权。"

如果简单地看，"色彩"和"独有的"这两词汇之间似乎并无一致性的联系，但与品牌、文化结合在一起，这种一致性就显得十分突出。在品牌实践中，两者有着实实在在的密切联系，这种联系更是近乎不可分割的。消费者面对货架上的商品，准备选择哪一个商品，色彩会成为一个诱导性因素。如果没有十分醒目的色彩表示出来，就难以区分品牌，如图 6－11 所示。因而色彩是识别问题也是营销问题。

图 6－11 货架展示

在琳琅满目的货架上突出品牌并非一件简单的事情，货架是商品的战场，能够突出展示商品将会赢得更多的消费者，而此时的色彩将是最为重要的品牌武器

通过将品牌和色彩紧紧联结在一起，品牌形象往往能在纷扰的营销环境中脱颖而出。星巴克咖啡的店面形象以绿色突出了视觉个性，使消费者非常容易就能够识别。麦当劳品牌近年来改变色彩和视觉样式，店面使用黑色地衬白色品牌字体，加以黄色的典型 M 识别造型，这一搭配进一步提升了店面的表现力，与同类品牌拉开差距，进而影响了潜在消费者。

在超市货架的消费争夺上，色彩的价值和意义重大。英国糖果品牌吉百利（Cadbury）和其澳大利亚的竞争对手达雷尔·利（Darrell Lea）在关于紫色的专属方面，在法庭上展开了对峙。吉百利认为达雷尔的紫色仿冒了自己的色彩（如图 6－12 所示），这使得消费者会在不知不觉中选错了品牌，因而

图 6－12　吉百利品牌的色彩使用

英国糖果品牌吉百利（Cadbury）极力维护的紫色识别方案，这一色彩对于该品牌的形象识别有至关重要的意义。而且，这将会影响到长期的品牌营销

有误导之嫌。最后法庭并没有支持吉百利的诉讼要求。通过这一案例，也可以见认识到色彩对于品牌的重要性。吉百利的紫色形象仍然十分突出。

7 零售品牌的体验设计

我们继续提倡敢作敢为的大无畏精神和冒险精神，要有越挫越勇的勇气与信心。不断开发新的市场与新的技术。要不断地培养职员的商业与技术的敏锐的嗅觉与远见，要在拼搏中使他们出类拔萃，使一代新人应运而生。没有尝试就没有成功，“干即成功”这个透彻的人生哲学，一直激励奋发有为者。

——任正非

7.1 零售展示体验

7.1.1 品牌展示

“我们的店铺并不是零售生活必需品的地方，而是意在营造出一个让人满怀期待进入的门店，为新颖的产品设计，心跳加速，身心感到愉悦的店铺，所以我们决定只陈列给人带来快乐和梦想的产品，对于那些背离顾客期待的产品。即使有助于零售业的成绩也没有任何售卖的”，日本著名家居品牌 BALS 公司社长高岛郁夫在谈及店面形象上如是说。

在零售领域中，店面的影响力是不可小觑的。人们之所以选择出门购物，选择走进店铺中去选购商品，而不是待在家中点击鼠标，很大程度上是出于对店面购物的实际体验需求。人们对于面对面的购物方式有亲和性，对来自手、眼、口、鼻等知觉器官的直接感受更为敏感，这是实际的零售空间和商业环境的优势。

消费者为什么会为某一次购物过程给出五星评价？这一定是包括实体零售在内的经营者们考虑到的问题。服务态度、展示效果、视觉形象、空间设计等，这些方面都促使一个消费者给店面购物做出某种评价。其中，为了让商品更具吸引力，就要在商品的展示上下功夫。

在视觉上明显的地方看到商品，让重要的商品出现在相对醒目的地方，这是展示的基本要求。摆放在正确的位置上，产品才会有好的展示效果，而出现在错误的位置，即便是好的产品也会有营销麻烦。商品出现在一个显著的位置，有可能获得更高的关注度。人们在购物过程中，面对的是一个货架上数以百计的商品，此时，该如何选择商品，消费者必然会受到视觉影响。另外，在走进店面后，消费者究竟往哪里看，哪里才是最显眼的，这也是一个视觉问题。因而，优势产品和优势品牌会占据空间中的有利位置。正如在战场上，交战双方都会不惜代价占据制高点一样，在零售空间中，重要的展示位置总会被强势产品占据。这样的布局给消费者潜在心理影响，事实上在暗示说，最醒目的地方最有可能陈列最值得购买的商品。

商品展示对消费者的消费行为有重要的影响，恰当地展示会获得更多的消费认可。在零售的展示方面，视觉效果更为出众的商品更容易获得青睐。在展示中，商品最完美的一面得以表现出来。如果商品具备出众的外观，那么展示上就占据了上风，因为在相同的展示情况下，商品的视觉效果优于其他同类品牌商品，就会增加消费者目光所及的机会，因而会促使消费者进一步了解商品，产生兴趣，以至于促成购买。

美国心理学家丹尼尔·麦克尼尔提出了一个十分有趣的观点——美即好效应。他指出，当看到一个人的外表是美的，人们会习惯性地认为这个人的其他方面也是优秀的。换言之，在商品外观和陈设上，人们看到陈设美观、外表靓丽的商品，通常也会认为这种商品有着较好的品质，因而对该品牌会抱有信任感，这是人们的正常心理。消费者对展示美观的产品有好的视觉印象，因而会有了解的愿望，会尝试购买。

商品的陈设既是视觉艺术，同时也关系到商品销售，是营销问题，它是品牌走向消费者的一个重要环节。设想，走进一家店面，展示十分美观，视觉上与众不同，而此时一些商品的陈设又恰好吸引了人们的目光，多数情况下，人们不会拒绝这样的“盛情”，会尝试着感受一下，如果恰好又符合购买愿望，激发出了需求的意识，那么商品的营销也自然而然地实现了。

品牌管理者通常会更加注重前期的广告投放，也十分注重选择广告媒介，借此引起市场轰动。我们会看到，品牌在媒体上投放了大量的广告，投入了不菲的广告费用。在进入到零售环境中时，商品出现在货架上，品牌就有可能会放松要求，对商品表现力不再像之前那样认真地追究了，忽视商品形象如何直面消费者这个问题。甚至有时候管理和决策者们会以为，只要品牌前期营销做得好，最后不管怎样，只要陈列在店铺货架上，消费者就会自然而然认可和购买了，这种认识显然是错误的，需要及时改变。现在看来，如果真的是以这样的态度来处理品牌的陈设问题，在最后面对消费者这个关键步骤上，品牌的传播效果会大打折扣。

在众多品牌争相表现的零售市场，既有互相依存的产品关系，也有互相竞争的品牌关系，这构成了商品零售的局部环境。顾客驻足商场货架前选购商品，面前是难以数清的同类商品，要想在同类商品中脱颖而出，一个品牌就要被正确地归类，也要被消费者明确地识别出来，而它的形象要能够被消费者接受，这样才可能成为市场上的胜利者（如图 7－1 所示）。

图 7－1 货架上的同类别商品

货架上的商品关系存在互相依存和竞争关系，这些商品彼此同属一个品类，具有共同的品类特征。陈设在一个区域内，对消费者来说更加方便。在被消费者选购时，不同的产品之间，则表现为竞争关系

货架陈列将产品进行归类摆放，同类产品被归类在一个货架上集中展示。通过归类，消费者较容易地找到这些商品，这符合了便利性原则。在零售环境中出现的产品，首先是从属于一个产品类别，这是重要的前提。同品类商品会被并列在一起，每一个产品都是在这个品类中的一员，这便是一个标准的具有产品共识性的零售展示单元。

商品的归类和消费需求联系在一起，消费者会在选购商品时先找到类别，

进而再比较和选择，这时，归类后的商品陈设就成为了一个竞争场所。在货架上，同类商品都在尽可能地在这个整体中突出和表现自己，争取消费者认可。任何一个品类的商品都存在着这样的依存和竞争关系，如果一个产品在属性上模糊，而不容易被归类，这种依存性就会减弱。在消费者购买过程中，一件商品被归类，那么它的属性就相对明确。在同一类别商品的展示中，要做到的就是在这一类型中突出自己，形成竞争优势，这体现了同类产品之间的竞争关系，竞争要素包括了多方面，从产品本身到外在形象，如产品的包装、色彩、图案等形式，品牌要素包括品牌标识、字体识别、形象识别等方面。

7.1.2 商品展示要素

消费者对零售环境的要求已经发生变化，零售的空间趋于开放化和人性化，品牌形象建立在消费者的参与和体验基础之上，在于制造更多的与消费者接触的机会，这正逐渐成为一种趋势。展示既是展示商品的细节，告诉消费者基本的商品面貌，也是全面的给人们传递品牌信息。在具体消费环境中，消费者通过商品的展示自行挑选，展示的意义不仅在于帮助人们自行判断和了解商品，也要满足对消费环境的更多需求——注重消费行为的愉悦感和心理满足感。因而，这是具体的，也是多方面的。

零售商品展示要素：

- 包装展示；
- 产品展示；
- 广告展示；
- 标签系统；
- 辅助形象；
- 造型设计。

对消费者来说，出现在面前的商品才更具有购买的真正意义，这时商品与消费者有更近的距离，消费者能够直接接触到商品，并且感觉到商品的样子。商品的陈设和展示问题，关系到消费者对商品的认识，以及会如何理解这个品牌，这个沟通环节能够体现品牌与消费者的关系。

通过陈设设计和表现，商品的物品属性、产品档次会表现出来，价格、原料、产地、用途、外观、色彩以及商标等都会在商品陈设中得到表达，这都是在商品陈设中需要考虑的。这些因素会成为消费者选择和购买的参考指标。

商品在陈设功能上，要满足顾客在选购过程中拿取商品的便利性。空间要有一定的自由度，同时要在视觉上美观，符合消费心理预期。在展示中，可供消费者拿取、尝试的商品应该在十分便利的位置上。这样一来，顾客就能够从容地拿取感兴趣的商品。消费者可以不费力地尝试自己感兴趣的商品，消费过程顺畅，消费感受也是愉悦的。这个细节有可能看上去很细微，甚至显得琐碎，但是这确实是很多顾客拿取和尝试商品不够便利，以至于放弃购买的重要原因。因而，为顾客提供尝试和体验的便利具有了明确的消费意义（如图 7－2 所示）。

图 7－2 卖场中的广告造型

卖场中的促销广告形式，造型夸张有趣，符合卖场环境和消费需求。这一形式与品牌属性也有紧密联系

不是简单地把商品码放在一起就可以，而是要体现品牌自身的设计感，符合品牌形象需要。在综合展示中，造型在于突出品牌形象，而不仅是通过造型展示商品的一般性功能。因而，造型与品牌策略有关。

店面展示无论从哪个方面都要给人以完美的统一感，让进店顾客体会到设计的美感，感受到乐趣。在小到一个商品标签上，也必须有精准的设计，把整个品牌的理念结合在其中。这在专卖店中显得尤为突出，要知道，消费者到店里来购物的原因之一是能够直观地选购商品，是近距离的行为，因而，细节会更加真切地影响到每一位顾客。

“人们往往不会平等地看待损失和收益，在相同的金额下，损失带给人的感受要远远大于获得。”[①] 消费者更容易记住有缺陷的地方。因而，一个小小的标签，或者一个随意的摆放，都有可能成为品牌的败笔，这种情形在眼下确实要比想象的多得多。不少品牌的确忽视了作为标签出现的品牌细节。而整体的标签设计更需要系统化，让消费者有一种秩序性的认识。

7.1.3 品牌展示中的主题设计

商品展示是综合性的品牌形象表现，目的在于唤起消费者对品牌的关注。消费者在购买商品的时候，展示效果对顾客的影响是真实而又具体的，体现在消费者设身处地的接触商品过程中，通过视觉、听觉等多种体验感知品牌。

商品在零售环节中呈现给消费者，这个时候是具有品牌意义的。商品代表了一个品牌的形象，现在它不仅是一个具有实用性的产品了，更是品牌文化和品牌信息高度集中的表现形式。为了让在展示中的商品能够突出表现品牌形象，在展示中要调动各类展示因素，分门别类的归纳和设计，使其一致。

在零售环境中，环境中各因素的综合应用事实上是在制造一种主题性。各种因素统一表现一种气氛，表达一种情绪，传递一个主旨。

品牌展示，通过主题表现品牌策略，体现在以下几个方面：

- 展示角色；
- 情景设计；
- 功能诉求；
- 情绪抒发。

制定一个主题，能够更好地营造出空间氛围，这使得环境不再是简单的产品载体和摆放空间，而是成为一种媒介，具有媒介特征。展示要素在这个媒介中根据设定好的“脚本”——主题，进行展出和演示。

在品牌展示空间中，主角是产品，环境是舞台，对于商家而言，如果不重视自己的产品，这个角色的影响力显然是不够的，就没有任何理由让消费者也在意这个商品了。如果企业真的很重视自己的产品的话，就会认真理解

---

① 《零售心理战》，铃木敏文。

商品在陈设中的展示效果，这是同样的道理。

消费者进入购物环境，视觉会首当其冲地影响到人们，会不断地引导消费者关注到空间中的不同形象，这些角色在不同的位置出现，以不同的形式出现。那么，这些形象不应该是零散的、随意地摆放在某些地方，它们应该呈现出一种内在的联系，具有主题特征，通过主题把这些元素关联起来，整个展示空间成为一个整体。这时，身处其中的人们就会逐渐地被这一连续的视觉表现所影响，这将会逐步调动消费者的兴趣。

起初，消费者对品牌可能是无意识的，在浏览过程中也是没有目地性的，甚至兴趣点也并未完全被调动起来，这时的消费者并没有明显的购买愿望。问题是，当有顾客走进来的时候，是什么促使他们欣然地购买了商品？如果只是面对机械的商品排列，那购物本身的乐趣就会失去不少，而这正是强调展示中的品牌体验感，最为突出的地方。

借助形象的组合与搭配，传递出一种叙事氛围，具有主题特征。这时的品牌意在引导消费者走进品牌故事中，品牌借助“道具”把想要表现的内容传递给消费者，叙述的核心要点在品牌的某些特质上，或者集中于产品形象上。在实际环境中，这种设计最大的优点在于加强了品牌感受，让消费者有身临其境的体验优势。例如，在店面中营造主题性景观，或者将店面中的展示区域模拟出某个场景，等等。消费者在这样的品牌设计空间中信步，自然会受到情绪的影响，对品牌和商品的兴趣会逐渐被激发出来。

主题设计也聚焦于传播具体产品的功能性。对于有独特优点的新产品，在销售场合，主题性的设计能够营造现场感，接触到场景的顾客更容易理解这一产品。情景再现、场景设计，这些办法会把产品的优势突出出来，产品的优点让消费者一目了然，品牌会因此而在消费者心目中占一个位置。

主题的优势也在于制造情绪，改善零售环境气氛，让冷静、沉寂的购物环境变得更富有活力。在积极的情绪影响下，购物的交易性思维弱化了，消费者会参与到这个气氛中。对零售环境的感受上，消费者的理解从单纯的买卖东西的无趣的地方，到感觉这个场所充满吸引力，有趣味性，能够引起心理共鸣，主题性空间使消费者对商品的理解得以转变，从购买转变为体验，这种变化改变了传统的购物思维（如图 7－3 所示）。

图7－3　主题设计

卖场中的主题设计，把相关的产品和主题结合在一起，增加了体验性。利用空间和环境，品牌的视觉识别陈设在醒目的位置上

7.2　设计思维

“对于我们来说，设计并不是一个产品的造型，它是有附加价值的，就是商品、店铺、服务和店员。在做品牌的过程中，渐渐觉得这四个方面才是我们所谓的设计。卖商品的店铺是设计，卖商品的人也是设计，所有的要素都是设计，并不单单是产品的设计。”

——高岛郁夫

7.2.1　细节思维

零售环境中的视觉要素众多，涉及不同的材料、形态和传播特点。事实上，没有哪一种因素能够在空间中孤立应用而起到完美的展示效果。因而，展示要素将会围绕一个特定的规划展开，这些看似个性不同的形象，将成为有用的设计要素被组织起来。在这个过程中，要达到的效果是使视觉美观，更是传播品牌，设计思维上也要改变看法，从“我怎么看”转变为“顾客怎么看”。

“记得我除了参加设计的产品是一款手机，此前我一直很想购买一台外观颜色完全统一的手机，比如要是红色的话，所有外观细节就必须是红色，可是不知道为何市面上并没有这样的产品。当我询问开发人员时，对方理所当然地解释道，这是因为黏合手机的中间有一块橡胶素材，而橡胶的颜色必须是灰色的。原来在手机业界中，零件材料不同则颜色不同是常规的做法。其实统一手机颜色并非技术难题，只是需要负担额外的成本而已。但是从普通人看来，相比些许的成本因素，能拥有一款全红的个性手机，显然更有吸引力，于是当我从外行的设计视角推出了单色手机后，迅速获得了消费者的热烈支持，至此材料不同也要统一颜色成为手机外观的主流设计方式。”佐藤可士和在谈到他的设计经历时说道。

从“外行”的角度认识对象，即转变立场去看待问题，对确立正确的设计思维有着重要意义，这会使设计的出发点更倾向于消费者，而不是受制于专业人员的基本视角。零售产品售卖给消费者，目标在于消费者，因而消费者的感觉和想法才是最重要的，这是一个基本立场。

细节问题上，讲究细节会让零售设计变得更加完善，这是从设计的角度出发的认识。如果转变思维，从顾客的角度去思考，就会有新的发现。讲究细节的设计不只是为了让品牌表现得更好，也是让消费者得到完美的体验感，消费的情绪会因此而改变，这样的出发点会让设计思维更加开阔。

我们也会意识到，一个不完美的细节并不是一个简单的美观问题。虽然它并不一定会立即影响到商品的销售，甚至会产生“看上去还可以”和“问题并不大”的想法，以为细小的问题是无关紧要的。细节问题至少不会快速地反映在销售数据上，也不会立即使品牌形象黯然失色，但是，某些缺点必然真实的存在，必然会成为这个品牌展示的一个部分，也必然会表现在店面环境中的某个位置上，它会与消费者接触到。因而，在细节问题上，能够站在消费者的立场上思考，这个细节就有可能影响到全局，影响到顾客对品牌的整体印象。

苹果公司在世界各地的体验店设计让我们感受到了细节带来的震撼力，具体表现在品牌对于自身形象近乎苛刻的完美追求。在这些品牌体验店中驻足，看不到杂乱无章的线缆，用来插接电脑的接线插座是电子产品展示最为常见的样子。桌面上十分简洁整齐，也很少能够看到除产品之外的其他东西。除了苹果的商品之外，任何有碍品牌视觉表现的其他东西都被尽可能地处理和隐藏起来。线缆收纳在桌子里，天花板也整洁利落。甚至苹果公司为了防止其他公司对其展示的模仿，专门为这种视觉样式向美国法院提交了长达一百多页的文件进行说明，阐述这种设计独一无二的品牌识别性，以获取专利和知识产权（如图 7－4 所示）。

图 7－4　苹果专卖店场景

苹果店面的设计出类拔萃，堪称经典，细节之处干净利落，体现了品牌对环境设计上的苛求

细节越来越重要了，强调和重视品牌形象是对消费者负责的积极态度，消费者会感受得到，这会成为消费者评价品牌的一项参考。在购物体验中，即使一个细微的瑕疵，即使这个细节看似在整体中并不影响品牌的说服力和视觉效果，但请相信这确实是出自于品牌的问题，会反映在品牌形象上。如果容忍有碍于品牌的细节缺陷，消费者也一定会感受得到。因而，细节思维比以往任何时候都更为重要。

想要让品牌在整体上做到更好，就绝对不能忽视任何一方面。有时品牌只注重了视觉而忽视了听觉的体验，例如，扩音器循环播放的促销广告用了很大的音量，而且不断循环播放。这种做法存在很大的问题，其目的是告知消费者促销信息，但全然没有顾及消费者的感受，破坏了环境的体验感，这样可能不会让人感到愉悦。同样的例子，在一些购物场所，产品售卖区的陈设显得杂乱不堪，甚至在有些时候，产品被随意地丢弃在四周，而没有工作人员前来整理，这会给消费者留下负面印象，会认他们认为这是一个混乱的环境，自然也不会期望在这样的环境中能够有好的产品，更不会把这里的产品与高品质联系在一起。

7.2.2 设计的出发点

消费者对品牌的感受既出于产品，同时也有环境中的其他方面。“你要让人们尽量通过多种感觉去体验你的品牌，多种感官知觉体验有助于理解顾客为什么对于某个品牌是情有独钟的”，营销专家迈克·莫泽[①]在《品牌路线图》中阐述了这样的品牌认识，“综合性的品牌识别既体现在图形、文字上，也包括了听觉、嗅觉、触觉等各种感官要素。”

来到一个零售环境中，顾客会对环境有一个直观的全面印象，因而以塑造全面的品牌感受作为设计的出发点。这个印象是综合性的，包括了视、听乃至味觉、触觉的全面感受。观察到环境中的图形、文字、色彩，也听到这个售卖环境中的声音，而且也会闻到环境中的味道，肢体接触到在这一环境中使用的材料。人们会感受到形象的精致、美观和个性化，也会触摸到不同的材质，感受到光滑、粗糙的材质表面。这些不同的感受综合起来，成为消费者对这个环境整体的印象。

重视环境体验和品牌感受是一个品牌成熟度的标志，优化一个设计方案必然要考虑这一点。如果品牌在购物体验方面做得不够好，从长远来看，对品牌形象是十分不利的，消费者会觉得品牌一直以来都有不尽如人意的地方，总是存在某些不足，在购物中的体验差强人意，因而认为这个品牌并不在于把事情做完美。购物空间陈设混乱，那么人们行走在其中就会犹如历险一般，因而会感到疲惫，对环境没有好的印象，对品牌的感觉也不会好。空间缺乏了秩序，则会减弱品牌的体验感，消费者在浏览商品和购物选择中感到无所适从，心情因而也会不好，情绪渐渐地烦躁起来，这种负面情绪都会转化成为对品牌的一种印象。类似这样的问题仍然有很多，并且在实际应用中这种有碍于品牌形象的问题仍然显得十分突出。零售品牌能够认真对待这些问题并加以改进，很多品牌的面貌都会发生积极的改观。

在购买过程中，价格诉求也会与消费者的品牌感受形成一定的关联，消费者并不会为低档货和感受力差的品牌付出高的价格，与之相反，消费者会为超预期的优越感受付出更高的购买价格。因此，我们说设计在很大程度上

① 迈克·莫泽，曾经担任过二十多年的艺术主管和创意总监，也是广告公司的合伙人。曾经为苹果、戴尔、思科、起亚等品牌工作。获得过300多个广告大奖，也被两度选为旧金山的年度艺术总监。

要依据消费者的感受，设计方案的制订实际上是给予消费者超过预期的结果。想要让品牌显得与价格匹配，就必然要在设计上做出表示。

互联网销售挤压了传统销售，品牌竞争越来越激烈，因而优化设计将会是一种趋势。未来实体店面的购物价值将会在体验感和差别性上体现。现在，在互联网零售冲击下，线下的零售经营活动受到很大影响，整体上的线下购物场所经营处于困境之中。而网络销售首先提出了用户体验的见解，更为注重线上购买行为，注重顾客的网络体验感。与此相比，传统零售面临着很大的压力，这不仅是出门购物的成本在增加，线下购物在优化设计观念上也落后了，实体店面并没有比网络购物做到更好，无论是在意识上，还是在设计上。况且，在价格和便利性上失去优势时，实体环境购物的形象优势已经大不如前，只有更为注重消费者的体验感，来改变这种被动的现实。在未来，差别化和体验将会成为一种趋势，线下零售品牌必然要在品牌表现方面有更好的表现。走出家门购物再次成为一种令人愉悦的经历时，实体环境中的消费将会迎来新的机遇。

店面不仅是在构筑防御阵地，也在品牌进攻的战线。店面不只是一种营销场所，还是品牌与消费者沟通的场所，是品牌认知的一部分。对品牌管理者来说，如果不在任何一个细节上努力保持品牌形象的明确性，消费者的感受价值就会下降，品牌形象传播就会出现或大或小的问题，最终这些问题会影响品牌，给品牌带来危机。消费者层面上，如果面对不好的环境，感觉细节上的粗糙和随意，就会觉得品牌没有足够重视，既不重视自身形象，也不重视它的顾客。在消费者心目中，这样的品牌会逐渐降低其心目中的地位，将其排列在一个较低的品牌水平上。

7.2.3 完善品牌设计

品牌设计中，有形和无形的要素在共同起作用，所有这些成为品牌识别的一个部分。在感知品牌过程中，很多方面因素都值得关注。例如，在环境中，使用什么样的背景音乐，环境中的气味是怎样的，环境温度控制在多少度是合适的。这些因素仍然体现了消费者的需要，与品牌形象构成关联性，综合地反映了品牌形象。不要只是为了制造促销气氛，就刻意地增大背景音乐的音量。

设计从根本上要有独立的想法，尤其在应用上，建立有计划、有步骤的实施方案。有时，在设计实施上，把一个标志图案张贴和悬挂起来，以为就可以完成品牌形象传播，这种简单做法是存在问题的。在零售环境中，要重视视觉应用。例如，品牌的标志、标准色和辅助图形等，这些要素具有品牌识别性，是视觉化的。它们不同程度地代表了品牌，具备品牌特征，因而在使用上要十分留意，而不能随心所欲。品牌的核心视觉形象始终都应该凝聚品牌自信心并得到尊重，因而在使用上，任何有损于识别性和品牌感受的都要回避。

同样，那些认为只要把店面装饰华丽就可以让品牌形象更好的想法，也是不恰当的。我们看到很多这样的例子，把店面打扮的崭新亮丽，但设计上却毫无新意，没有突出品牌，看不出品牌要表达的是什么。这与好的品牌形象体验有距离，虽然具体体现在外观上，不过反映出的事实却是不清楚要表达什么和该如何表达，商家缺乏应有的明确意识，并不清楚应该给消费者传递什么样的信息。因而在制订方案时，就需要明确意图，这是完善的设计所要做到的。

设计并不是简单的实施前的阶段性工作，而是要着眼于应用，考虑如何使用的问题。品牌形象要素出现在某个空间和具体位置，此时的消费者会作何感想，他们对此有什么样的理解，这些都是不能回避的问题。在不恰当的地方出现品牌识别符号，会带来潜在的问题。例如，应用在偏僻的角落，因而重要的形象无法被顾客及时看到，因为灯光的问题，一些形象视觉效果并不好，识别性的品牌要素不够干净整洁等。出现这些情形，消费者会作何感想，他们会逐渐降低对品牌的消费预期。品牌在消费者心目中的地位，因为设计不够完善而随之下降。

在零售环境中，品牌传播信息来自于多方面，陈设中的形象、色彩、形态等类型繁多，如果不足够重视和掌握它们的使用情形，品牌识别性会动摇，有可能与空间中的其他无关形象混淆，品牌形象的突出性会受到干扰。

明确的品牌理念有助于完善设计。在环境中想要达到突出品牌的效果，需要意识到任何表现都应该是从品牌理念中成长起来的。创意和表现来自理念，不是凭空构思和孤立的想象，装饰和环境是理念支撑的，环境中的图形、符号同样源自理念。在销售空间中，从空间的特点到视觉风格，以及空间中的视觉元素应用，都应有理有据，以品牌理念为依据，这能够稳定地表现品牌。宜家会把大量的商品悬挂起来展示，而不是占用一个空间中的平面部分，而且没有豪华展示，这都出自品牌理念。

坚持正确品牌诉求，表现一个明确的品牌形象，那么品牌就会印刻在消费者的意识中。这样的形象会让消费者觉得，品牌是有连贯性的，是始终如一的，也是值得信赖的。优秀的品牌形象在传播上，从创意的运用方面正如同暖帘一样，它带给人们的是长期而又稳定的识别性和感受力。日式暖帘风行的时代是在日本的奈良时期，那时人们拿一块布当帘子，在店铺里用来遮阳和防尘。后来，店家们开始意识到，在营业时间挂起这种门帘以表明开始营业，这是一种吸引顾客的方式，因而这种挂暖帘的方式也具有了宣传作用。店面会将店名和图案印在帘子上，悬挂在外，这样一来，顾客一眼就可以认出是哪家店铺，因此，暖帘具有了品牌识别性的作用。这种样式逐渐成为传统的文化符号，经历了长久的积累和形象认知，人们对这种形象的理解固定了下来（如图 7 –5 所示）。

图 7 –5　LEE 品牌展示中的设计元素

LEE 牛仔裤品牌以粗犷的造型表现品牌，在具体造型上表现了经典的纽扣形象，这是该品牌的标志性纽扣设计，应用在销售环境中，有十分明确的品牌特征

在占领消费者心智的过程中，设计动机基于品牌一贯追求的价值。如果你坚持某一种风格，那么就要在所有细节上体现这种风格，从摆设的物品，到灯光，再到辅助的陈设和背景音乐。苹果公司的产品专卖店使用大的整块玻璃幕墙，绝不会被认为是哗众取宠，这样高昂的成本显然脱离了常规意义上的性价比原则。舍弃较小的玻璃幕墙而投入更大，恰恰是品牌追求的一贯价值。而苹果店面中室内装潢的每一个角落都在传递品牌极致的追求，这付出了更高的代价，消费者会认为这与品牌是相匹配的，优越的极致设计代表了品牌所追求的价值。

视觉表现塑造出截然不同的品牌个性。在同类品牌之间的竞争中，实体环境是展示品牌绝好的载体，让受众进一步接触和了解品牌。MONTBLANC（万宝龙）在店面上沿用突出的视觉形象表现品牌。1913 年，MONTBLANC 的六角白星标志诞生，这个六角白星标志成为了品牌的标志性识别符号和商标。迄今为止这是这个品牌最为重要的识别之一。由 Simplo Filler（辛普罗·飞乐）公司生产的所有书写工具都带有这一清晰地六角白星标记。在视觉形象的含义上，它象征着欧洲最高峰——勃朗峰白雪覆盖的顶峰，传递出品牌价值——卓越品质和完美的工艺。对于接触过这个品牌的消费者来说，走进这家店面，这个独特的标记会清晰地印在脑海里，成为一种难以忘记的视觉符号。在店面中，这个标记被用在重要的位置，强化了品牌形象（如图 7 –6 所示）。

图 7 –6 MONTBLANC 的标志形象

MONTBLANC 的六角形标识在零售店面中十分醒目。这个六角白星标志成为品牌的标志性识别符号和商标。在具体应用中，这个识别性符号让人过目不忘

7.3 售卖系统

客户选用出现在他们日常生活中的产品，当企业成功地找到自己的产品与消费者所处的环境相一致的地方时，企业才能成功。传统的市场定义手段，如产品类别或人口统计类别等，往往与消费者的生活背道而驰，因此并不能帮助企业成功与客户建立联系。

——克里斯坦森

7.3.1 建立售卖环境

在品牌和消费者都有所期待的时候，购物环境就成为了一个载体和纽带，通过这个纽带的连接作用，品牌和消费者关联起来。因而，售卖环境远不止销售场所的定义范畴，而是人们走出家门，与品牌发生联系的关键。这一见解将会引导我们以更合理的方式创建购买环境。

连接消费者和品牌，这种关系表现了一定的数据性特征，人们进店的频次、时间，关注的商品，以及在空间中的行走路径，都会成为数据，从而具有参考作用。经过整合和分析，这些数据会帮助品牌了解消费者的行为习惯、喜好。

传统的零售渠道，即线下的购物方式，通过实际环境中的品牌展示和环境设计，以此传递品牌信息，与消费者沟通。显然，这些环境中顾客的行为轨迹也会成为品牌制定策略和进行设计最好的依据。在传统意义上，品牌的设计更多地倾向于主观的装饰空间，尽可能地设想这个空间的表现力，布局和陈设产品，摆放和悬挂广告。现在，这种思维正在变化，设计方案将会依照实际情景中的顾客数据进一步精准化。

创建消费空间，需要考虑以下几个方面：

- 谁是目标消费者；
- 顾客需求是怎样的；
- 品牌创新；
- 品牌个性；
- 品牌的视觉形象；
- 消费者的感受。

售卖环境是在营造一个空间，这个空间的目的具有双重价值，体现在其体验意义和购买意义上。营造优秀的商业体验需要从品牌理念出发，在这两个方面做深度开发。根据顾客的思维、意识和行为方式进行设计，做出具体的环境方案。

重视目标消费者，他们的活动范围和行为方式将会直接影响到品牌，也影响到零售空间的设置。例如，在仓储式的零售环境中，在于更丰富的货源和相对较低的产品价格优势，目标消费者是对商品价格和产品质量敏感的人群，他们同样会重视多样性和产品的可比性。因而更适合提供直观的展示，尽可能地简化铺陈，讲求购买的便利和效率。注重营造气氛的销售环境，更为突出品牌形象，致力于通过体验吸引顾客。设置上更讲究环境品质和价值体验，品牌的目标消费者对体验的要求更高。目标人群对价格的敏感度相对低一些，但对于购物体验和价值感有明确要求。

满足目标消费需求并给予更多满足，品牌才会有更好的体验感。因而从每一个环节上都应有“做到更好”的意识，而不止于“这样就可以”。如果在售卖环境中，消费者会感到比预想的好得多，那么这个环境就具有了满足消费需求的优质体验。这是消费者对一个品牌抱有好感的基础。我们常说，品牌具有亲和力，事实上，能够让顾客不断想起来的品牌，并且在评价上总是给予好评，这个品牌就具备了亲和性，而要达到这一点，品牌就要想办法给消费者更多的满足感，而不只是提供一个看上去还可以的购物环境。

明确告诉消费者这是什么，而不是让消费者花时间做判断和研究，这样就优化了购物过程。消费者在选择商品时，因为设置上的问题，选择和购买的效率是不同的，如何让购买效率更高，便利性是重要的条件。消费者走进购物环境中，如果需要不断地花费精力才能够搞清楚希望购买的产品所在，或者花费心思才能够明白这个空间的布局，这必然会影响到消费心理。在购物的整个过程中，这些因环境设置上带来的不便会随时触发人们的焦虑情绪，从情感上削弱消费者的积极性一面，体验上也不会感到舒适和亲切，显然，这给消费者带来了不必要的困扰，成为售卖环境的失败之处。提供便利性，在于省去更多的烦琐环节，让消费者的消费动机直接实现，能够较快地得到想要的东西，能够方便地获取需要的信息。

在便利性上，宜家为消费者提供了免费的铅笔和购物单，还有尺子等小工具。这些物品为消费者提供了便利，让人们能够随时安下心来选择产品，商量和讨论产品。在宜家，这些工具不仅方便消费者详细地计算尺寸，规划产品的使用，事实上也营造了生活化的气氛。而这只是一些小物品，如铅笔、尺子便能够办到的。

宜家为消费者提供了更大的购物袋，购物袋并非是一次性的，是尼龙材料的编织袋，既可以购买这种袋子，也可以在购物过程中免费使用。它有足够大的容量，可以把顾客购置的中小产品放在其中，大尺寸的敞口则便于装入物品，而且这种购物袋分为两种颜色——蓝色和黄色，这两种颜色是宜家品牌的识别色彩。在购物过程中，人们挎着这个袋子，品牌形象就会不间断地影响消费者（如图 7 -7 所示）。

图 7 -7 宜家在卖场中的服务

宜家在卖场中设置了供顾客乘放物品的大口袋，这种口袋有较大的尺寸，能盛放较多商品，便于顾客在购物中使用

7.3.2 视觉热点和重点区域

善于发现视觉热点，有助于明确消费者关注的目标。在制订计划的过程中，这些区域的设置要得到更多的重视。明确环境中的重点区域在哪，认识到环境中哪些区域和位置是消费者关注度最高的，这些区域都将是零售环节中品牌传播的重点区域。

可以建立消费注意力的热点分布图，以此观察消费者和品牌是怎样接触的。视觉热点将为我们提供一幅完整的视觉注意力分布图像，在实现环境展示过程中，为品牌信息分布做出正确安排。在环境中，人们的空间注意力是不同的，在有些地方这种注意力会更强，而有些地方会相对较弱，热点图像会告诉我们消费者在关注哪些区域，哪些地方是最受欢迎的，而哪些具体的位置是受冷落的。用这种方式分析得出的结论，产生视觉分布重点和视觉流程，帮助品牌找到最有价值的传播空间，最核心的表现区域。这样就可以进行对应的处理，根据消费者对环境中不同区域的关注程度，可以了解和掌握在这个空间中，哪个位置的产品会受到最高频率的接触。在关键位置设置重要形象，在次要位置设置关联形象。把标志等重要的视觉识别形象放置在突出和醒目的位置。在安排和展示商品的时候，重要商品和热销商品出现在视觉上最为集中的区域。在空间的过渡中，尤其重要的识别性色彩，引导空间过渡，既表现了品牌，也不会被消费者忽视。

空间上，无论在多大或者多小的区域内，都有必要让消费者感知到最明确的特点，而不是在同一区域内出现多个热点，这只会让消费者分散注意。无论是在尺寸的大小还是色彩的醒目程度方面，都应让最突出的信息保持在最明显的视觉区域内。这就要求品牌能够按照信息秩序安排形象，避免重复和多主题。例如，在一个单元范围内，根据视觉重点位置的顺序，设置产品和广告，突出表现一个主题（如图 7 –8 所示）。

图 7 –8　卖场陈设和服务

卖场中同时展示了产品和广告，并且分类盛放不同规格。广告说明十分详尽，店内工作人员的着装和品牌形象一致

醒目的视觉信息可以吸引更多的顾客注意。纳贝斯克——世界著名的食品业巨人，在促销经验中有这样的结论，产品确认标志可增加销量的 18%。空间中的足够明确的标志和符号能够影响消费者的选择。在产品展示现场，醒目的视觉符号总能首先进入消费者视线，引起消费者关注。例如，通过符号来标识信息，强调一个信息，这个信息就应出现在最醒目的地方，它也会是消费者视线最集中的地方。

在重点区域里，不恰当的品牌行为和设置有损于品牌形象。在零售环境中，环境过度嘈杂、产品摆放凌乱，这样的视觉存在无序性，消费者在感受上也是混乱的，这只会让消费者在购物后有疲惫感。而符号使用不够系统，这会使消费者在购物和浏览过程中感到无所适从，会存在不安的情绪，也会产生疏离感。这些情形都是零售购物场中屡见不鲜的，也成为零售场所中无法回避的现实问题。当销售员会在顾客选购商品时上前给出购买建议时，说明了环境中信息的不完整，顾客自助购物的功能没有实现。现在，人力成本的增加，使得店面不得不开始考虑使用更全面的现场设置解决问题，而不是扮演促销员的身份。

在卖场中，不同区域的功能性应有所体现，环境更为整洁，符合效率优先的原则。空间环境被尽可能展示了更多的商品，这样一来，尽管可以事无巨细地陈列出产品来，但是展示出来的产品效果却有可能是不够理想的。顾客的行动也会受到影响，展示空间过度狭小，并且没有专门的光源指示，这样的展示效果差强人意，这些情况都成为品牌问题的一个部分，因而亟待设计优化。适时地展示必要的产品，包括展示数量、展示形式都应该有所考虑，这是在消费者能够有最好的感觉前提下实现的，而不是无原则的，其他如灯光的明亮、通道的通畅都应该以顾客体验最优为标准。

7.3.3 设计整合

设计活动中既要理性的分析判断能力，也要充分顾及接受者的感性体验。通常在接受新的信息时，我们首先会凭借直觉判断它，凭借直觉产生好恶的情感和兴趣。通过视觉传达的信息首先要具备感性特征，让信息接收的一方感兴趣，有意愿接受。无论是符号、标志还是立体的造型，能通过直觉接受它是设计传达的第一步，在有了兴趣和基本的感性理解基础上，才有可能有动机进一步地通过逻辑的判断和分析去理解其中的含义。

从感知到接受的过程如下：

视线（目光）—情绪（心情）—思维（脑力）—反应（行动）

店面环境既是售卖场所，也是品牌传播自身形象和传播品牌文化的载体。品牌的展示环境是品牌表演的舞台，这个空间涉及材料、质感，空间分割和视觉表现等方面，整体环境从技术性上讲是围绕空间进行的设计，而本质意义在于这一环境是品牌系统的一部分。因此，对具体售卖环境的设计就更应注重其品牌性，将其纳入到品牌形象的整体中。

在品牌销售环境中，消费和体验品牌的过程包含以下几个方面：

- 环境接触——店面外观形象；
- 环境体验——线路、灯光、陈设、背景音乐、空间格局等；
- 兴趣点——具体的陈设物品和商品要素；
- 环境认知——整体的环境评价、品牌形象认知和印象。

零售场所和空间具有媒介性，它联络了顾客和品牌。在零售场所，品牌要完成商品销售和品牌传播两个方面的任务。一方面，空间存在的意义在售卖层面，其目的在于促成买卖，是交易场所。在其中，展示某些产品，吸引了消费者，也会卖掉具体的商品，双方完成购买交易。另一方面，这个空间要优化品牌与消费者之间的关系，通过这一空间，传播品牌价值和理念，因而目标是长远的。基于这样的认识，我们要认真考虑销售环境的整体问题，而不是简单地将设计归结为促进销售，即促销设计上来。

从品牌出发理解设计，任何一件产品和陈设都是品牌的代表。围绕产品展开的任何活动则是品牌行为的一个部分，能够吸引顾客注意的产品会被消费者所选择，则代表了品牌被消费者接受的过程。

产品所代表的品牌形象，在展示中表现为：

- 造型；
- 色彩；
- 图形；
- 材质；
- 陈设。

这些方面都会在展示效果中有不同程度的突出作用，根据品牌突出的重点，其中的某些方面会成为品牌最重要的展示内容，以词突出品牌形象。善于利用这些因素，产品展示获得了意想不到的效果，能够带动购买，而且突出了品牌形象。在这些方面做得很好的例子有，奥利奥饼干、农夫山泉矿泉水、屈臣氏矿泉水、洽洽瓜子、旺旺仙贝、蓝月亮洗衣液等，产品在表现品牌上取得了很好的效果。

消费者在浏览中对环境的体会，也可以转化为对品牌的认识，这也是设计要整合的内容。让顾客身临其境地感受到品牌价值，需要给消费者一种真实而又特别的体验价值。我们经常提醒说，在店面问题上，要有不只是在开一家店，而是在经营一个品牌的观念，这是在建立一个和顾客交流的平台。消费者在这里不仅要购买商品，同样还要理解和加深品牌印象，这是体验性的，是维护品牌长期价值的重要内容，它也是品牌交流层面的，要通过环境来创造条件，让消费者在每一个环境和空间细节上都会体会到品牌的价值。

我们可以这样理解，商品展示为顾客提供了一个品牌的信息终端——商品作为品牌的代表排列在货架上，在此展示品牌价值，传播品牌理念。商品展示有明确的主题特征，对应目标消费者，传播品牌文化，显示品牌个性，消费者在这一过程里也会给出反馈，认可品牌，接受品牌价值，购买产品。相反的情形是，顾客进到售卖环境中，设计缺少了具体的定位指向和诉求要点，把商品陈列在台面上，设计上没有突出的想法，显得空洞，就不具备品牌形象的表现力，无法达到有效的传播品牌目的。

设置一个通畅的区域，便于顾客行动，让消费者从容地浏览商品。在品牌环境的处置上，没有想好以何面貌出现，就很有可能毁掉整个店面形象。而没有为顾客着想，例如，在路线设置上不够人性化，就会让前来选购商品的顾客感觉到不够自然，行动不够方便。建筑设计师 Louis Kahn 在设计绿地的时候，并没有做任何人为标记，只是让人们在上面自由穿行。最后，按照人们在绿地上行走的最习惯路径，把它改造和设计成绿地中的道路。我们为消费者设计自由的购物条件是有必要的，这是体验感动一个部分。形象上，整合形象使之成为一个系统，增进消费者对品牌的信赖感。

7.4 销售艺术

有可能你的大多数生意来自一小群忠诚的核心顾客。如果你研究销售，收视率，出席率，或其他类似的能够衡量生意的有效形式，你会发现将近百分之八十（或至少三分之二）的生意是来自大约百分之二十的顾客的。这就是营销的长期定律。

——《奥美广告创意 52 条法则》

在实际的销售环境中，我们应该有所察觉，有所意识，什么样的因素会主导消费者的购物选择，什么样的媒介能够有助于顾客挑选商品。品牌在推广过程中用到了很多方法，比如广告投放，又如舆论引导等，这被证明是有效的。消费者从这一传播中接受来自品牌的图像、声音、文字等信息。消费者最终过滤出明确的形象，这些会成为品牌最大的特点。

7.4.1 销售中的讲解功能

在销售环境中，消费者会自然地调动感官去体验，感知面前的商品，通过接触发现它的价值。

人们仍然会像往常一样需要最直接的购买方式，需要有亲和力的商品接触环境。在商品销售过程中，是什么引导消费者走进店面？店内的商品信息是否能够满足消费者了解商品的愿望？

如果消费者能够走进店面，就可以说品牌和消费者之间的关系又近了一步，消费者和品牌之间能够进行接下来的沟通。在一些店面中，店员会马上跟进，紧随消费者进行讲解，为顾客出谋划策，在影响顾客选择和购买的因素中，以销售人员的讲解为主，品牌的讲解职责是由人来承担，而店内的销售设计，其讲解功能却弱化了。

顾客走进店面，兴趣被调动起来，但并不一定会马上转化为购买行动，而是需要一个过程。这一点是人所共知的，因此，从这一刻开始，品牌的经营者就应该明白应该以什么样的方式来宣传品牌才是最合理的，才是能够让顾客对品牌有递进认识的，这将会成为品牌与消费者进一步交流的基础。

顾客需要接收到丰富的品牌信息，以此来深入了解产品的价值。通过对零售场所中讲解功能的分析，我们认识到，为顾客承担讲解和引导功能来自于几个方面。在顾客进店的同时，这些因素开始起作用，承担了宣传和讲解品牌的责任。

讲解和指示功能来自几个方面：

- 提示信息；
- 广告宣传；
- 标签系统；
- 销售人员。

通常情况，在顾客进店后，环境中的提示信息会起到作用，具有指示功能的符号会告诉人们具体的方位，引导人们找到商品。线路的引导带领消费者从一个区域到另外一个区域，而归类提示更好地整合了相关产品，将同类商品集中在环境中的某处，消费者根据提示，购物效率会更高。

店内宣传出现在相关区域，它们告知消费者一下即时性的售卖信息，带动新的消费兴趣。因而店内的广告宣传更具时效性，有激发购买心理的作用。如果这些宣传内容恰好触动了消费者需求，那么宣传就更有效。事实证明，店内的广告宣传对影响消费者购买，有很重要的作用。

针对商品的说明性文字是品牌形象的重要方面。商品标签系统既有功能性，描述了商品的基本信息，例如，产地、价格、品质等，其设计形式也是重要的，而且应该做到让这一形式发挥更大的价值。完整的标签系统分门别类的将产品归类，每一个品类的商品将会统一使用某种样式的标签，这种统一表现在标签的规格大小、设计样式方面，因而会给消费者十分清晰、规范的品牌印象（如图 7 – 9 所示）。

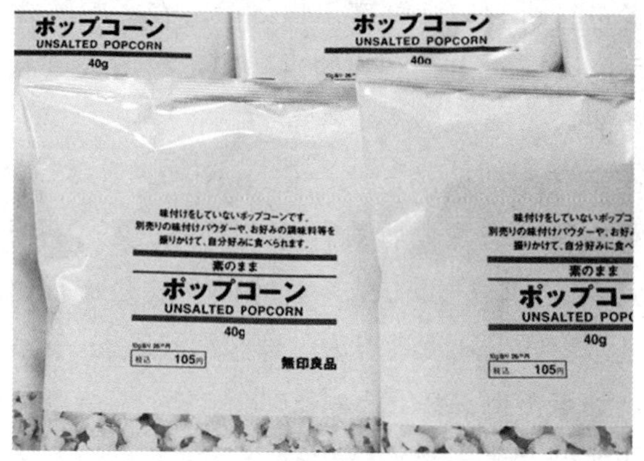

图 7 – 9　无印良品的标签和说明设计

标签系统是无印良品品牌精心设计的部分，它看上去十分条理，有很好的视觉系统性，这一设计与品牌理念也是相吻合的。视觉上以秩序性的字体编排和红色标准色的横线进行搭配，形式简洁明了，易于识别

在此基础上，销售员的辅助讲解会让消费者感到温暖和关怀，这是必要的，也就是说，在售卖场所中越是面向大众的品牌越是要注重这种补充性，而不是完全依靠人来解决一切问题。

这些方面所具有的讲解作用，既是实用性的，也无不展示出品牌的交流技巧，每一个方面都在卖场中体现了一定的优势。

7.4.2 销售现场与品牌形象

品牌在销售现场如何做到传播自己，意识上从消费者的利益出发，满足进店的需求，这会使顾客与品牌的关系更密切，彼此更信赖。同时，在销售现场，良好的、秩序的设计方案将会有助于体现品牌形象，消费者会体会到品牌有着鲜明的存在感，而不仅仅只是将其理解为一间店铺。

在销售现场，我们要做到哪些方面，才能够让这样的现场含有品牌意味？销售现场应给消费者整体的品牌印象，而不只是一个卖场那么简单。销售现场是一个环境，每个消费者走进这个环境都带着各式各样的疑问和兴趣，把这些并不相似的感受转变为良好感受和一致的印象，这就是销售现场要做到的。为此，需要有明确的品牌观点，即将为消费者提供什么样的建议和服务。

“海边的便利店理解了钓鱼者在炎炎烈日下需要不易腐烂的食品的心理，而住宅街的便利店注意到了一家之主希望解决晚饭的心理，商业区的便利店发现女性顾客热衷于瘦身的兴趣，沿街的便利店读懂了父母不希望孩子在喝饮料时粗心弄脏自驾车座椅的心理，以及在冬天暖和的日子，体感较热的顾客想吃冷面的心理，这些门店都以顾客的心理为基础建立的假设，成功挖掘出他们的潜在需求。”① 铃木敏文在谈到便利店的经营时说道。便利店的观点一定是出自对消费者的细心周到的服务，因而会考虑得十分周全，让消费者感到便利店总是会解决他们在日常生活中遇到的各种问题。

在销售现场，如果只是单纯的卖出东西，而不考虑消费者对品牌的感受，那样就容易产生问题了，消费者即便购买了商品，也只是认可了具体的价格和功能性的一面，而对品牌的预期则是无从谈起的。因而，在售卖现场，要始终突出的一个方面就是品牌感，要把品牌传播出去。这种品牌感融合在消费者对售卖场所的观察和体会中。

无论是在消费者浏览商品的过程中，还是在选择和对比产品过程中，品牌意识都应是确立的，它都在起着作用。视觉上，通过在重点区域持续使用标志，顾客对这一图形的记忆会不断加深，这会使品牌更为醒目。而色彩的适应性更为出色，它能够适用在不同的空间形态中，尤其在一些空间中，空

① 《零售心理战》，铃木敏文。

间变化较复杂，这些区域并不适合表现形象，但是色彩会成为这个区域的主角，品牌识别色彩更具有表现力。我们在麦当劳、星巴克、宜家等店面中，都能够看到品牌是如何在销售现场突出自己的。

不同品牌都会突出个性化的视觉形式，以此融合在销售过程中。无印良品会在标签系统中突出它的线条感，传递品牌个性。红色的辅助线条是品牌统一的标签使用形象，这个形象让品牌更好地与其他品牌的视觉区别开来。

销售现场应对出现在其中的每一件相关物品有清晰的认识，把出现在售卖现场的任何事物都理解为销售中的一个部分。例如，卡通形象能够带给消费者鲜活的感性认识，因此，会有一些品牌借助卡通形象来打动消费者，这是品牌具有亲和力的行为。同样也需要注意，这个形象虽然并非是商品，而是起辅助作用的，但也不要忘记，它有着现场的品牌形象传播功能，因而要对辅助性的设置予以同样的重要认识（如图 7－10 所示）。

图 7－10　卡通和图形展示

在销售现场的展示中，不同品牌都在通过视觉途径寻求不同的表现，目的在于突出品牌的形象。利用有表现力的形象，与销售现场的产品、主题结合，通过橱窗、产品展示等方式灵活表现品牌

7.4.3　创造货架效果

品牌的货架展示是重要的一步，货架为消费者提供一个充足的购买理由，以证明消费者购买行为的“合理性”。在货架上展示的商品，能够让消费者认

可，在购买意向上果断而不犹豫，这就显得尤其重要。

在设计上，如果没有考虑商品在货架上应该以何种面貌示人，那么这个设计就有可能是失败的，因为，不预想其出现在大众面前，就感受不到同类产品并列在一起的情景，设计会成为自顾自的游戏，因而货架效果的意义就在于设计要优先考虑陈设的目的和传达效果。

商品的货架效果从以下几个方面考虑：

- 产品会出现在哪里——地点、空间和位置；
- 产品以何种方式展示在顾客面前——商品的陈设方式和排列；
- 产品的表现力和优势——与其他商品的竞争关系。

在这些方面，未经充分认识的品牌，产品一上架，在大多数时候会面临一种尴尬的情形。产品在设计方案中尽显精美，决策者们信心满满地认为这是一个好的设计。但摆在货架上，就不尽然。有时，货架上的效果明显减弱，与电脑屏幕中的方案效果有差别。一件看似精美的商品，在设计方案中十分美观，如果不是摆在货架上，而是在方案中单独地审视，就不会看出问题，这是因为货架效果是比较而言的，而不是单纯的个体视觉效果。因而在设计过程中，要充分考虑货架陈设。

在零售商品市场中，商品体现价值就是得到了消费者的认同和购买。商品吸引了消费者的注意力，消费者对商品满怀兴趣，那么就会拿起商品进一步详细地了解，直至在决定购买后，这件商品被消费者放进购物车。这个过程的顺利完成是从商品摆在货架上的某个位置开始的，一直到商品被放进购物车中结束。这既是一个产品的销售历程，也是品牌货架效果的检验过程，货架上出众的商品在这个过程中表现得更为出色。

优秀的商品都能够在货架上为自己做推销。例如，奥利奥饼干、M & M巧克力豆、雀巢速溶咖啡。这些商品的共同之处在于，它们都能够很好地表达自己，清晰地传达给消费者一个形象。如果说奥利奥在货架上更为明显，那是因为其色彩更突出。这对于品牌来说是至关重要的。品牌想要告诉顾客清晰明确的信息，首先要从品牌和商品自身出发，管理好自身的形象。在嘈杂的大型卖场中，我们会很容易找到雀巢咖啡和奥利奥饼干。因为它给我们一种必要的识别前提，让我们很清楚地看见了这个品牌和对应的商品，知道了它的色彩是不同的，认清了它的图案和文字的特点。

货架效果理应渗透在设计理念之中。作为设计师，并不是在电脑软件前面制作出漂亮的产品外观即可，而是要预期考虑到商品会出现在什么地方，在这些地方会有怎样的陈列效果，同样，也要知道竞争品牌在这一方面是怎样的。如果大家都在货架上表现出一个样子，那么在制订方案时就要考虑是否应该用另外的面貌来表现。

也要注意几个概念，货架效果在争夺消费者的注意力，这里指的货架并非只是指陈列商品的柜台和架子，而是指陈列概念，是商品出现在消费者面前的形式。如果商品是以堆积、码放的形式出现，那么这也应该被认为是有货架效果的。因而，也要注重这个环节的表现力。另外，在注重货架表现的同时，也应注意到，这是以品牌理念为依据的，任何呈现在消费者面前的商品都是有明确的品牌作为支撑的，货架上的表现是品牌形象的延伸，因而，货架上的表现力并不应该背离品牌的理念。

参考文献

[1] 铃木敏文．零售心理战［M］．顾晓琳，译．南京：江苏文艺出版社，2015.

[2] 戴维·阿克．创建强势品牌［M］．李兆丰，译．北京：机械工业出版社，2014.

[3] 徐浩然，刘晓午．首席品牌官日志［M］．北京：中国经济出版社，2014.

[4] 艾·里斯，劳拉·里斯．品牌的起源［M］．寿雯，译．北京：机械工业出版社，2013.

[5] 戴维·阿克．品牌大师［M］．陈倩，译．北京：中信出版集团，2015.

[6] 艾·里斯，劳拉·里斯．品牌 22 律［M］．北京：机械工业出版社，2013.

[7] 科特勒，弗活德．要素品牌战略［M］．上海：复旦大学出版社，2010.

[8] 史蒂夫·里夫金，弗雷泽·萨瑟兰．品牌命名［M］．北京：企业管理出版社，2011.

[9] 21 世纪经济报道．中国最佳品牌建设案例［M］．广州：南方日报出版社，2011.

[10] 艾·里斯，杰克·特劳特．定位［M］．北京：机械工业出版社，2011.

[11] 日经设计品牌提升委员会．经营者——色彩基础［M］．北京：东方出版社，2013.

[12] 惠勒．品牌识别设计［M］．北京：电子工业出版社，2014.

[13] 沃利·奥林斯. 沃利·奥林斯的品牌术［M］. 北京：清华大学出版社，2012.

[14] 山姆·沃尔顿，约翰·休伊. 沃尔玛创始人山姆·沃尔顿自传［M］. 南京：凤凰文艺出版社，2015.

[15] 日经设计. 畅销品包装设计［M］. 北京：东方出版社，2014.

[16] 罗子明. 品牌传播研究［M］. 北京：企业管理出版社，2015.

[17] 大前研一. 销售专业主义［M］. 北京：中信出版社，2014.

[18] 海斯，马隆. 湿营销［M］. 北京：机械工业出版社，2010.

[19] 安德斯·代尔维格. 这就是宜家［M］. 中华工商联合出版社，2015.

[20] 松井忠三. 解密无印良品［M］. 北京：新星出版社，2015.

[21] 科瓦冬佳·奥谢亚. ZARA：阿曼修·奥尔特加与他的时尚王国［M］. 北京：华夏出版社，2011.

[22] 月泉博. 优衣库这样卖衣服［M］. 南京：江苏文艺出版社，2013.

[23] 无印良品. 无印良品［M］. 桂林：广西师范大学出版社，2010.

[24] 陈润. 超预期［M］. 北京：中国华侨出版社，2015.

[25] 海军. 设计管理［M］. 北京：中信出版股份有限公司，2014.

[26] 原田进. 设计品牌［M］. 南京：江苏美术出版社，2009.

[27] 原研哉. 设计中的设计［M］. 济南：山东人民出版社，2006.

[28] 马丁·戈德法布，霍华德·阿斯特. 认同力：超越品牌的秘密［M］. 北京：新星出版社，2012.

[29] 保罗·腾普诺. 高级品牌管理［M］. 北京：清华大学出版社，2010.

[30] 叶茂中. 营销的16个关键词［M］. 北京：机械工业出版社，2015.

[31] 杰克·特劳特. 什么是战略［M］. 北京：机械工业出版社，2013.

[32] 柳井正. 一胜九败［M］. 北京：中信出版社，2015.

[33] 麦克默则. 品牌路线图［M］. 北京：商务印书馆，2005.

[34] 文森特·巴斯汀，让·诺埃尔·卡普费雷. 奢侈品战略［M］. 北京：机械工业出版社，2013.

[35] 涂子沛. 大数据［M］. 桂林：广西师范大学出版社，2012.

[36] 史玉柱. 史玉柱自述：我的营销心得［M］. 北京：同心出版社，2013.

［37］奥格·曼狄诺．世界上最伟大的推销员［M］．北京：世界知识出版社，2014.

［38］詹姆斯·哈金．小众行为学［M］．北京：时代文化书局，2015.

［39］根岸康雄．工匠精神［M］．北京：东方出版社，2015.

后　记

零售品牌面向消费者，每一个品牌都从属于一种消费力量，针对了一个群体。因而，如何看待消费者始终是我们谈论的前提，也是整个相关阐述中围绕的核心内容，他们的所思所想，心理和行为都会成为一种引导品牌的重要力量，传导到品牌的思维中。所以，我们会以服务性、体验感、用户思维、精神性、参与意识等表述来确认这种力量，试图能够更好地把这个问题阐述出来，给思考这一问题的人们一定的提示。

我们希望对品牌有更全面的认识，这将会是品牌策略的重要依据，为品牌策略的制定提供一种视野。在这个方面，零售注重营销，要提出较有力的计划和方案，应对市场趋势。因而，从品牌自身出发，自身形象、价值与理念、产品与品牌、竞争对手等都会成为一种有助于制订计划的思考内容。

就具体的品牌问题而言，产品要有良好的面貌，展示也是必不可少的，命名、标志、代言、广告语，都是零售中必不可少的重要细节。在这些方面，零售环节中品牌应该能够做到更好。

零售品牌是综合的艺术，我们为之所做的还应该有很多。立足当下，从现在的市场条件出发，为当前的品牌找到在市场中立足，乃至出众的成功道路。因而，许多内容仍有必要以当前的情形作为参考，进行评价，我们更应该学习优秀的品牌，从它们中间找到未来品牌的希望。

郭小强

2016 年 1 月